专题文明史译丛

Themes in World History

丛书主编：苏智良　陈 恒

世界历史上的性别

〔美〕彼得·N. 斯特恩斯（Peter N. Stearns）　著

谷雨　李雪　译

SINCE1897 商务印书馆 The Commercial Press

Gender in World History

Peter N. Stearns

上海市内涵建设文科师范一流学科项目

上海高校一流学科（B类）建设计划上海师范大学世界史规划项目

教育部人文社科重点研究基地都市文化研究中心规划项目

译丛序言

人类文明史既有宏大叙事,也充满了生动细节;既见证着民族国家的兴盛与衰败,也反映了英雄个人的梦想和血泪。事实上,真正决定文明发展的基本要素,是那些恒常存在的日常生活方式、社会习俗和文化心理等,它波澜不惊却暗流涌动,彼此关联而又催生变化,并裹挟一切外部因素,使之转变成自身发展和变化的动力。因此,那些关乎全球文明发展和彼此共生性因素,无一不成为研究的对象,无一不成为大众阅读的焦点。生态、交往、和平、安全、人口、疾病、食品、能源、犯罪等问题,凡此种种,既是不同信仰、不同制度和不同文化的文明发展需要直面的,又是它们之间彼此交流、进行合作乃至相互促进的基础。在这种文明史的叙述中,阶段性的政治内容相对淡化,长时段文明形态发展的基础——文化和社会生活得以凸显。文明史的目的是介绍、传播人类文明、文化知识与价值观念,更重要的是读者可以通过文明史的阅读明了人类尊严获得的历史,从而塑造自己的生活理念。

在全球化的当下,中国在世界上的地位不断提高,与世界各国往来日益密切,这一方面需要我们阅读文明史以更真实、更全面、更深入地了解域外历史文化、价值观念;另一方面,文明史也可以培育人们更加开阔的思维、更加完善的人格。多读文明史,不仅能让人们认识到文明的多样性、复杂性,使人们能以兼容并包的思维看待世界和人生,而且可以从历史发展的多变中汲取有益的智慧,训练理性思考的能力。

在文化多元交融的全球化时代,了解、掌握人类文明知识和理念是当代国人应该补上的一课。因此，学术研究不能仅仅局限于象牙塔，虽然这很重要，但更重要的是要让这些知识形态转变为普通民众也能接受的大众文化。况且，普及大众文化，才能不断出现更多的人才参与研究工作，文化也才能不断推陈出新，才能不断出现更丰富的精英文化。这是一个相互依存，循环发展的过程，缺一不可。

主编过“中国历史小丛书”、“外国历史小丛书”的历史学家吴晗先生曾说，“小册子并不比大部头好写”，可见从写作角度来看，浅显易懂的著述并不比那些高头讲章好写。大众阅读是要用较少的时间又能快速获得相关知识，因此叙述不但简明，更要生动，要有历史细节，有重大事件和重要人物的故事点，可见这样的书并不好处理。

第一，大众作品的通俗读物虽然结构简单，但要真正做到“大事不能漏，小事不能错”，达到“悦”读的境界，并不容易。没有受过专业训练，没有宏观视野，没有承上启下的问题意识是难以做到合理选择题材，善于取舍材料，有的放矢的。

第二，真正受大众欢迎的作品必定是能反映当下社会现实的作品，能在读者心目中引起共鸣。纵观古今中外，凡是历史上畅销的、能流传下来的作品，哪部不是切合时代的需求的？从希罗多德的《历史》、司马迁的《史记》，到汤因比的《历史研究》、柯林伍德的《历史的观念》，哪部不是适应时代潮流产生的？再看看目前市面上流行的易中天、钱文忠、于丹的作品，虽然批评的声音不绝于耳，至少让很多民众在一定程度上认知了历史与文化。

第三，历史学家笔下的作品是要从史料中发现故事，而非小说家、历史小说家笔下的故事。这就需要作者有很好的职业训练，不但对史料了如指掌，而且要善于从新的角度去编排、去解释、去阐发。当然历史学家在写作过程中也要发挥想象，但这种想象是以材料为基础，而非小说家的以生活为基础的想象。美国学者海登·怀特认为历史编纂是诗化性质的，历史学与自然科学是根本不同的，因此就其基本特征而言，史学不是科学而是艺术创作，所以叙事对史学来说是必不可少的。问题在于我们在公众“悦”读方面如何叙事。

第四，相对来说，“悦”读作品讲究的是艺术性、启蒙性、可读性，而非学术著作侧重的学术性、知识性、思想性。历史学家讲究的是“句句有出处，字字有来历”，因此学术性与可读性之间的矛盾是永远存在的，避免不了的，讲究可读性难免让学术含量下降，侧重学术性难免会失去趣味性。但这种矛盾并不是不可调和的，只要用心，不断探索，是能做到深入浅出的。大家写小书的时代真的逝去了吗？前辈著名学者如王力、朱光潜、竺可桢等，都撰写了很多脍炙人口的小书，这是那个时代的要求与需要。

第五，“悦”读作品选题不能墨守成规，要能反映学术界的研究方向、趋势与趣味。20世纪史学最突出的成就是新史学的发达。在新文化史家看来，“文化”并不是一种被动的因素，文化既不是社会或经济的产物，也不是脱离社会诸因素独立发展的，文化与社会、经济、政治等因素之间的关系是互动的；个人是历史的主体，而非客体，他们至少在日常生活或长时段里影响历史的发展；研究历史的角度发生了变化，新文化史家不追求“大历史”（自上而下看历史）的抱负，而是注重“小历史”（自下而上看历史）的意义，即历史研究从社会角度的文化史学转向文化角度的社会史学。牛津大学出版社与劳特利奇出版社在这方面做得比较好，出版过不少好书。如前者出版的“牛津通识”系列，就是比较典型的大家小书，无论是选题还是作者的遴选都堪称一流；后者的选题意识尤为突出，出版了诸如《世界历史上的食物》、《世界历史上的疾病》、《世界历史上的移民》、《世界历史上的消费》、《世界历史上的全球化》等让人叫好的作品，诚如该丛书主编所说：“本丛书专注于在世界历史背景下考察一系列人类历程和制度，其目的就是严肃认真（即便很简单）地讨论一些重要议题，以作为教科书和文献集的补充。相比教科书，这类书籍可使学生更深入地探索到人类历史的某一特殊层面，并在此过程中使他们对历史学家的分析方式及其对一些问题的讨论有更全面的认识。每一议题都是按时间顺序被论述的，这就使关于变化和延续性的讨论成为可能。每个议题也都是在一系列不同的社会和地区范围内被评估的，这也使相关的异同比较成为可能”。可见文明史因其能唤起大众的“悦”读兴趣而在世界各地有着广泛的市场。

不过当下公众“悦”读中存在冷热不均的现象。中国历史热，世界历史冷。从火爆的“百家讲坛”，到各类“戏说”历史的电视剧，无论是贺岁大片，还是各种图书排行，雄踞榜首的基本是中国历史题材作品。有关域外历史题材的很少，一方面说明我们对域外理解得不够多，另一方面说明我们潜意识里存在中国中心主义，什么都以中国为中心。

高手在民间，公众“悦”读作品也不例外。当下流行的畅销作品的作者基本属于所谓民间写手、草根写手，这些作者难免从“戏说”的角度出发，传播一些非历史的知识文化，值得我们警惕。学者应积极担当，做大家小书的事，这是必需，更是责任。

投资大师罗杰斯给女儿的十二条箴言，其中第六条就是“学习历史”。可见阅读历史获得的不仅仅是知识文化、经验教训，更重要的是让民众明白：人类历史实际上是一部人类尊严获得史。一书一世界，书中自有每位读者的世界。

本丛书为上海市地方本科院校“十二五”内涵建设文科师范一流学科项目，是上海高校一流学科（B类）建设计划上海师范大学世界史规划项目的成果，教育部人文社科重点研究基地都市文化研究中心规划项目。

编者

2013年1月

目 录

绪 论

19 世纪末法国入侵越南，其动机是经济与战略掠夺，尽管当时许多领导人对占领太平洋地区抱有更多的野心和幻想。法国的殖民统治使橡胶种植园业不断壮大，制造了一批以殖民统治者和管理者为主的富裕阶层，最终还导致了轰轰烈烈的越南反殖民主义运动。 1

殖民统治还催生出对性别认识的新视角。驻越法国殖民官员很快便对越南人的样子感到困惑了，作为征服者所产生的优越感使这种困惑更加强烈。首先，这里的男人看起来无男子气概，骨架小而又纤弱无力，面部没有胡须。正如一位法国军医所描述的一般，“没有胡须和整体外观很难使我们分辨出其性别”。越南士兵，穿着色彩鲜艳而怪异的服装，看起来就像“马戏团里演哑剧的女人所穿的衣服”。对于征服者来说，嘲笑被征服者的性别特征是司空见惯的事情。法国人对越南宫廷的太监也很感兴趣。为了不对王室女性构成威胁，这些宦官被阉割，这种做法在亚洲地区很普遍，而在越南这种习俗实际上正在慢慢被淘汰。太监被形容成“人样的怪物”，同时拥有男人和女人的恶习。除此之外，征服者往往还担心越南男人可能存在危险的纵欲行为，尽管这种担心与他们认为越南男人缺少男子气概的看法并不相符。这种稀奇古怪的感觉影响甚广，似乎也更加说明越南应该由“优越的”法国人来统治。

女性也被仔细审视。上层法国官员对越南女人的第一印象是她们是如此的丑陋——体态浑圆，终日操持体力劳动（就好像法国农妇，但是官员们基本上没见过）。“男人还是女人？”一位法国知识分子问道：“在这个国家，没人能分辨出男女：同样的服饰，同样的丑陋。”但是女人们淫乱放荡，随意与殖民者发生性关系——这是法国人因优越感而产生的又一矛盾看法。殖民者中还流传一种普遍看法：许多越南家庭沉溺于乱伦行为，因此年轻女孩多遭受过性侵害。

2 到 1900 年，随着法国殖民统治的加深，又出现了另一种声音：居住在殖民地的法国女人的声音。她们认为自己代表了法国文明，迫切希望在殖民地建立像在法国那样的家庭（尽管这里的家庭拥有更多当地的仆人，当然，这是因为他们更加廉价）。她们厌恶与法国男人有关系的越南女人，正如一位男性旁观者所言："她们中的一些人在这方面表现出了极其强烈的嫉妒心。”她们迫切地推行一切办法去教育越南女人学习欧式的尊贵体面与持家之道，而这种教育比越南人本身更强调对父亲和丈夫的顺从。

所有这一切，导致了大量的性别接触。此时欧洲具有确定的性别标准，特别强调男女之间的性别差异。这一事实，再加上他们神经质的征服者地位，很容易认为另一性别系统奇怪且应受质疑，虽然有时也比较有趣。当一个社会群体遭遇另外一个社会的性别标准评判时，感到离奇和夸大事实是司空见惯的。而且征服者也常常会努力削弱当地男性的男子气概。殖民统治的各种习惯，从低估当地的军事力量，到认为当地女人渴望性关系，都是不同社会性别接触的结果。

性别接触的另一方的情况又是怎样的？一些越南人对法国人的这种看法深恶痛绝。另外一些人可能尽力地调整性别行为，包括穿衣风格，以显得更加体面。这也许会在某些情况下显得卑躬屈膝。一些人会急切地重申旧的标准，包括骄傲的男子气概；这是之后发生反殖民暴力的原因之一，而殖民者低估当地军事力量也使反抗更加容易。无论对于征服者还是被征服者，性别标准都不可能再回到接触前的阶段。

性别接触可能呈现出许多面貌。一个要求女人恭顺的社会可能会与一个认为女人比男人更加品行端正的社会相接触；一个重视男子气概但男人又相对矮小的社会可能会遭遇另外一个以男人身材高大作为具有男子气概前提的社会；一个对同性恋极具包容的社会可能会面对一个对其严厉压制的社会。交织的情况纷繁而有趣，同时对于定性不同社会之间的关系以及激发性别标准的改变也至关重要。

本书一方面阐述了男性和女性定义的相互作用，男性和女性的不同职责，另一方面，也描述了不同文化之间的碰撞。在强调这些相互作用的同时，也突出了最近几十年来历史研究上最活跃的两个话题，并将其带入世界历史的研究领域中。

20 世纪 60 年代以来，现代女权主义在西方社会崛起，加上女性工作与家庭角色的巨大转变，引起了一场轰轰烈烈的对于女性历史状况及其对当今社会影响的研究。这一研究也逐渐延伸到男性角色上，因为在两性 3
历史上，只有通过比较才能更好地理解不同的性别群体。历史学家对于女性气质与男性气质给出了各种各样的定义，并界定两者是如何发挥社会作用的；这些作用不仅体现在家庭生活方面，而且也体现在政治领域和经济活动中。他们研究受人推崇的性别标准如何影响行事行为，也研究在不同社会中男性、女性个体如何倡导不同的行事模式。历史学家也探索在西欧和美国，性别标准会如何改变，正如在过去的半个世纪里所发生的女性工作角色的革命性变革一样。

许多学者还指出，性别不仅关乎男性特征和女性特征的标准或者男女关系，大的社会体系也会反映和体现性别标准。这意味着政治制度，甚至军事组织，在一定程度上都由性别观念所塑造。我们会发现不同区域之间的相互接触，比如西方殖民主义，经常通过性别假设来深入相关社会。或者，举一个在美国社会生活中举足轻重的例子，这个国家对于枪支的支持来自其关于男性属性的假设（或者，如一些人所说的不安全感）。

关于性别及其影响的历史研究已经拓展到了超越西方世界的越来越广泛的社会领域，使性别历史与世界历史之间的联系越来越密切。人们比较过各种性别模式，以考察男性和女性在定义自身及生活职责方面所具有的重要区别和相似之处，也探讨过其主要发展趋势。例如，人们通常认为，随着男人和女人经济活动从狩猎群居转变为农业生产，他们之间的不平等地位也在增加。进一步说，随着农业文明的逐渐繁荣，社会管理的有效进行，性别不平等的趋势更加明显，尤其在上层社会中体现得尤为明显。男人试图令女人仅发挥在家庭中的作用，更依赖家庭并且更像摆设。这种动态过程推动了性别历史与世界历史的融合，尽管直到近期大多数世界历史对于性别问题轻描淡写，仍主要关注那些以男性为主的政治精英、知识分子的活动。诚然，性别问题的确是主要存在于个别社会群体中的问题，而非跨社会群体的问题，这也是有时难以将性别历史与世界历史融合的一个原因。本书则展开了对这一问题的讨论，审视性别要素的构成，男性和女性特征和职责的定义，以及二者如何对国际社会力量做出反应。

对世界历史越来越多的关注仍然跟不上对性别历史所做的源源不断的研究，但是这种关注对世界历史本身的发展产生了重要的影响。世界历史的一个关键研究领域是对主要社会群体之间的接触范围和种类的考
4 察，诸如移民、贸易、传教活动等。世界历史逐步被看作共享的过程与联系，而不是一个文明接着一个文明组成的相互独立的历史事件。已有重要研究发现了早期贸易路线的范围及其对思想传播的影响。随着当今国际交流的频繁与扩大，这一主题在世界历史的研究中更加重要，交流和合作的话题同样有助于我们了解更早时期的历史。因此历史学家们探讨了亚历山大大帝对中东和印度西北部的征服所具有的文化含义：希腊风格与思想会给波斯和印度带来怎样的影响，反过来希腊又会受到什么样的影响？他们也研究了伊斯兰教对撒哈拉沙漠以南非洲地区的影响，指出虽然伊斯兰教在非洲很多地区有信徒，它也并未能使这些地区完全皈依中东的社会与文化标准。

总而言之，两个或是多个社会的相互接触潜在上是大有裨益的，为模仿和创新制造了可能性，但社会间的关系也会变得紧张和复杂。即使通过频繁接触或者完全征服，也没有哪一个社会可以很快或者完全转变成另一个社会的模式。更常见的结果是产生一套折中体系（称为“类并”），使当地的观念和通过接触带来的一些思想互相融合，虽然有时融合了看起来并不相容的成分。因此，16 世纪到 17 世纪中美洲的印第安人在西班牙人的压力之下虔诚地皈依了天主教，但仍保留了其传统宗教的仪式和神灵，这一点受到了他们传教导师的强烈攻击。

显然，性别角色和文化交流同是世界历史的重要组成部分。同样显而易见的是，由于近几十年来历史知识的不断丰富，我们对各主题领域都

了解甚多。本书集合了各相关主题，把性别历史和一般世界历史主题相联系，目的是揭示出国际交流对相关社会影响的深层方面——即男女性别标准及其关系的影响。

性别观念是非常私人化的，具有个体属性和社会属性。即使是受到一个强大、繁荣社会的逼迫，人们通常也不愿意放弃原有的男女性别标准，或者为必须做出的让步寻找补偿措施。同时，如果从事贸易或者传教活动的那些人不赞成当地女性所受的待遇或者举止规范，也会对一个地区产生偏见。因此，阿拉伯游客在非洲总是会哀叹非洲女性的举止，而这种举止在其他社会则可能会受到尊敬。19 世纪，到美国的日本游客特别指出美国女性的独立令他们感到匪夷所思（据现代美国标准看来，那一时期的女性是受压制的）。事实上，人们关于奇特的性别模式的看法或传说往往是国际交流的产物，比如古希腊时所传播的关于阿马松部落女战士们的故 5
事，或者是在我们所处的这个世纪去过太平洋岛屿的西方人类学家们所兜售的关于当地性行为混乱的印象。性别观念至关重要，可以作为了解国际交流的试金石。

对比国际交往对性别的影响可以揭示出相关社会的价值观念——无论该社会是受到影响的一方，还是做出判断的一方，抑或是正在彻底抵制另外一套标准。本书介绍了关于性别观念和文化交流相互作用的各类情形，将其作为世界历史的一部分来探讨，现有的丰富记录也使得对这一话题的探讨成为可能。这样探讨的结果是对一些抽象的历史事件的分析更加人性化，例如，关于希腊和印度的相互接触，或者基督教传教士在 19 世纪进入朝鲜——对当地产生的宗教压力可以通过朝鲜男女生活方式的改变来衡量。

但是，本书最终不只是要把世界历史上的主要话题联系起来，也提出了一些随着时间的推移而不断变化的问题。随着国际交流的日渐频繁，在性别模式上各社会对于外界的影响是否变得比较开放了？随着时间的推移，人们对性别关系多样性的包容度是增加还是减少了？在许多国际组织（包括女性团体）试图改变某些特定社会中的严苛或者落后的性别标准时，我们又能在当下的时代从过去的事件中得到什么启示？随着国际交往的不断深入，不同的社会间性别关系是变得逐渐趋于一致，还是坚持不同的性别价值观念、男性和女性特征定义，以作为某些个别社会寻求保留其特性的方式？而这些也正在因外界影响而变得越来越显而易见。在我们呈现一些个案事实之后，将对这些问题进行细致的历史分析。

无论是对于特定的历史事件还是对各历史阶段性别模式的深层次分析，都需要关注其相互作用的内在戏剧性。许多社会关于男性和女性的定义十分确定。如果遇到有影响力或是锲而不舍的挑战者评判说他们错了，该社会又将如何应对？这是一个古老的戏剧性事件，却仍在当今社会以最活跃的方式上演着。一些社会对外来影响持开放态度，其他一些社会则存在着意见分歧，某些团体会做出回应，另外一些则会退缩，甚至还有一些试图完全抵制。最后，一些社会为了抵制对这些私人问题的外来影响，实际上会做出一些改变以强调其传统价值。各种选择错综复杂，正是因为性别问题切实关乎个体和集体身份的认同。

本书前面几章先做一些铺垫，介绍性别传统和文化交流方面的内容。为了解相互交流对于男女性别观念的影响，第一章中我们首先介绍确立
6 已久的性别文明模式。古代中国、印度及地中海地区长期维持着男权统治与家长制度，但是根据其主流文化价值不同，它们强调的具体特征和机制有所不同。这些性别体系将对我们了解相关社会如何应对外界影响，或者古代文明社会又如何影响其他地区提供一些线索。

第一部分讲述从古典时期到后古典时期主要文明间的相互影响。第二章和第三章着眼于不同文明之间一些相对早期的交流活动，以及这些活动如何影响男女具象艺术，又如何催生了关于这个重要区域内其他民族生产劳作的神话和想象。例如，早期旅行者突出描绘了关于异国女性耸人听闻的传说，暗示了如何使用性别更为普遍地塑造异国文化观念。在古典时期（公元前 1000—公元 450 年），地中海地区东西方的交流表明，当业已形成的文明遭遇正处于形成阶段的文明时，所产生的某些影响将如何反射在女性身上。佛教从印度传播到中国标志着两大主要性别体系第一次直接发生了互动，并导致了有趣的结果。

接下来的两章审视后古典时期（450 —1450 年）的发展。在这一时

期有三种形式的交流比较突出并相互作用。最为明显的是，宗教的广泛传播对一些地区提出了挑战，比如非洲、印度、中亚和俄国。当地的性别观念与由宗教法所维护，主要宗教体系的神圣观念如何相互作用？这个时期最活跃的宗教——伊斯兰教的不断发展尤其能说明问题，并且伊斯兰教在接下来的几个世纪持续发展，特别是在土耳其扩张到南欧这一阶段最为壮大。与之相关的是，后古典时期的很多社会都纷纷效仿实力更为强大的邻国。通过考察中国对于日本男女等级制度的影响，可以探究效仿的影响力。最后，游牧民族和稳定的农业社会之间的交流也制造了一些紧张和相互评判的有趣现象，尤其是在蒙古扩张的辉煌世纪。

第二部分的各章讲述源自西欧的影响，这种影响对了解 1450 年之后几个世纪所发生的一系列交流与效仿至关重要。俄国开始借鉴西方文化，其中有关于性别观念的有趣讨论。随着西班牙对菲律宾的征服和后来英国在印度进行的殖民活动，西方观念也影响了亚洲的部分地区。最后，美洲殖民统治在殖民者、美洲原住民和奴隶当中也激起了关于性别意义的变相争论。另外，还应把西欧的影响与早期各种交流形式的结果进行比较。西方的影响是否会对相关社会产生持续不断的作用？是否确实存在一个清晰的西方性别模式？

该部分的后几章转向 19 世纪，仍主要讲述西方的影响，但和早期的 7
影响有三点不同。第一，这种影响范围更大，延伸到太平洋区的大洋洲、中国、朝鲜、日本，以及非洲。越来越多的国家不得不做出决定，以对待西方的标准与批评。第二，西方性别模式本身一直在迅速变化，这提出了有趣的问题，我们要模仿哪一种模式？总之，由于欧洲人正在建立新的关于男女行为规范的观念，农业文明传统受到的挑战也在不断增加。最后，西方世界在判断其他社会如何对待男女性别特征的问题上越来越摆出一副自信和唯我独尊的态度，这给相关社会带来了很大的压力。至少对于世界上的其他城市和地区来说，很难不受西方判断的影响。争端最多的是关于女性地位的问题，这对男权地位问题也产生了很大的影响。有时当某些社会试图在凸显男权方面超越西方时，会产生出人意料的后果。性别标准受到了史无前例的外界挑战。

在20世纪，性别传统和国际影响之间的相互作用仍在继续，与此同时，下列因素也使这种相互作用不断增强：女权主义运动的蓬勃发展，国际组织的影响，比如联合国（它赞助关于女性地位的全球会议在世界历史上还是首例），非殖民化时代各个社会重申自己身份的新生力量。这些发展构成了本书第三部分的主题。跨文化区域的移民潮流——例如从亚洲到美国，或者从北非到欧洲——引起了一系列关于性别价值观的争议。第三部分的各章关注了移民问题，讨论了中东地区这一复杂特例，论述了包括共产主义在内的国际运动产生的各种新的影响，以及国际流行文化的兴起和不断扩大的全球化进程。这些话题共同为讨论一个问题提供了平台，即与第一部分和第二部分所探讨过的事件相比，关于交流和性别问题之间的相互影响是否正在形成一种“现代化”特色模式？国际化是否意味着解放，或者这一模式太过简化？一个社会对外界影响的容忍度随着时间的推移，是增加还是减小了？世界不断变小，而关于男女角色的争论仍然激烈，有没有一种模式正在产生，并可以预示未来的方向？

本书所选的个案不可能穷尽所有现象，历史上还存在其他重要的交流形式。然而，本书所选的个案很有意义，并且在很多方面具有代表性；共同关注了一个更大的话题——历史变革。第一部分所讨论的交流主要发生在农业文明之间，它们有时也与游牧社会相互影响。除了一些例外
8 情况，本阶段的交流往往强化性别不平等。第二部分和第三部分的各章主要探讨商业化社会或工业化社会与农业或“发展中”社会之间的相互作用。在第一部分的背景衬托下，这种交互作用是否变得有所不同，是否带来了观念解放而非僵化的新机会？抑或发展模式变得更加复杂，已超出了单一形式？通过社会间的交流来考察世界历史上的性别问题，可以为深入分析历史变革的方向奠定基础。

最后还有三点需要注意。本书关注的是性别问题，不仅谈论了女性的角色和定义，也谈论了男性的角色和定义，但更多讨论的是女性，这是因为关于女性如何定义自身和被定义的问题有更多直接、可利用的信息；但是男性和男权问题同样也包括在内。重要的是两性之间的平衡，而非仅探讨某一性别。历史学家从起初对女性历史的兴趣转移到了涵盖更加全面

的性别历史上，这种相互影响正是他们要探索的。

本书的基本观点认为，两性间相对的平等是“有益的”，这是一种现代派的，但也不是毫无争议的价值观念。正是基于这一立场，本书部分章节使用了类似“改善”或“恶化”的词汇。那些认为其中某一种性别应该更优越的人也能从本书获益，只需赞同或不赞同其中的一些观点。然而，本书也不会轻易地评判哪一个性别体系能更好地提升女性地位。当今西方女权主义学说固然重要，却不是唯一的衡量标准。一些按现代西方标准衡量而看起来奇怪的体系也许能行得通。从这个更为重要的意义上说，本书不打算强加简单的评判，那会使对互相接触的社会间的对比或者随时间推移而产生的变化的分析趋于简化。

最后一点，显然与第二点冲突，关于世界历史上男性拥有的权势优越性，这可以从文化标准、法律和经济地位，以及个人生活方面得到体现。这种优越性是基于男人的体能特征和女人因生育和早期哺育受到的特殊限制。的确，在某些时期，女人也创造出一些权威——这往往是通过人格力量或是使用年龄和社会地位作为衡量标准——但她们的成功实际上却因抑制了积极反抗而肯定了主流性别体系。历史进程在不断加深不平等的性别体系——农业和游牧社会无疑比狩猎和采集社会具有更大的性别差异。男性特征和女性特征的变化也交织在这种转换中。关键问题是：随着农业经济的衰落，现代化条件在多大程度上改善了性别关系，日益频繁的国际交流又在多大程度上促进了变化的发生？要回答这些问题，就需要从积极的历史视角审视。

延伸阅读 9

关于法国和越南，参见：Matt Matsuda, *Empire of Love: Histories of France and the Pacific*（New York: Oxford University Press, 2005）; Frank Proschan, “Eunuch Mandarins, Soldats, Effeminate Boys, and Graceless Women: French colonial constructions of Vietnamese genders”, *GLO: A Journal of Lesbian and Gay Studies*, 8（2004）: 435-467.

第一章

传统基础

10 到公元前4000年，很多社会开始过渡至“文明”组织阶段。虽然不同群体之间的接触像人类的存在一样久远，大多数早期文明的形成却相对独立。起源于公元前3500年的美索不达米亚文明，与不久之后在北非产生的埃及文明迥然不同。也是到公元前4000年前后，大多数农业社会形成了一种新的男女地位不平等的形式，这种体系通常被定义为父权制度——丈夫和父亲占主导地位。文明通常会深化父权制度的发展，同时会以不同方式阐释其细微之处，以适应每一种文明的普遍信仰和体制。从此意义来看，各种文明在为父权制度定性时，就将性别问题与其文化和制度的某些方面联系起来。本章为研究社会交流对性别体系的影响做一些铺垫，具体阐述如下几方面的发展：文明、接触（或交流）、父权制度、个案父权体制及例外情况。

人类社会产生于由狩猎者和采集者组成的小型群体基础之上。到公元前12000年，人类已经以这种群体形式遍布世界上大多数适合居住的地区。大约公元前10000年，中东地区的北部开始了农耕，彻底改变了那些地区人类生活的经济结构。随着农耕的推广，多数社会形成了更稳定的居住模式，当然中亚大部分区域仍然保持着狩猎和采集，或者游牧的生产方式。农耕也可以产生一些生产剩余以满足即时需要。生产剩余的好处是少数人能够专门从事非农耕活动，比如手工制造、宗教或者管理。农耕生产发展缓慢，但是到了大约公元前4000年，一系列重要发明带来了深远变革，首当其冲的就是车轮的引进和金属的使用，尤其是铜，这些又最先发生在中东地区附近。于是，到大约公元前3500年，在底格里斯河－幼发拉底 11
河流域的苏美尔形成了最古老的文明。紧随其后，其他河谷文明中心也形成了，即非洲尼罗河沿岸，印度河流域和中国的黄河流域。

文明社会不同于其他农耕社会，是因为文明社会有正式的政府管理，而不再是职责不分的领袖制度。文明社会更多地依赖城市，尽管只有小部分人居住在城市；它们鼓励更高层次的贸易活动；而且大多数文明社会都有文字，这促进了官僚体制的形成和商业活动的发展。

在强调文明社会作为世界历史的重要部分时，存在两个重要问题。其一是认识到无论是用“农耕”还是用“文明”都不能囊括所有主要人类群体，即使是在这种社会形式被确立的几千年之后。像中亚地区的游牧群体就形成了另外一种主要社会形式。北美地区的很多印第安部落又构成了另外一种社会形式，他们以狩猎为主，以刀耕火种的农耕为辅。其中某些社会群体避免了在文明社会中占主导地位的父权制度。虽然大多数游牧社会也强调女性的弱势地位——因为当放牧替代了采集生产后，女人的经济地位有所下降——但是也有例外，一些游牧社会避免全面的父权制度，许多狩猎社会仍突出女性的在经济关系中的作用。这些社会可能会强调男女之间的显著差别，例如，认为男人有责任为战争挺身而出并且在马背上展示其英勇，但它们通常没有形成主要文明社会的那种不平等性别体系。这种父权制度之外社会形式的存在，显然为文明间错综复杂的接触（或言“交汇”）创造了可能性，例如游牧或狩猎社会的性别观念与父系文明社会的性别观念之间的直接碰撞。

第二个问题关于“文明”这个概念。世界历史学家经常就此术语争论不休。文明社会作为一种人类组织形式，包含了城市和政府，但是在性别问题上很难说优越于其他社会。文明社会通常会扩大不平等关系并使其制度化；但与其他社会形式不同，文明社会自诞生之始就涵盖了大多数民族，因而非常值得研究。不同文明——比如中国或印度——衍生出迥异的民族特点。这是此概念的第二个应用。大多数关于性别的世界历史研究都会探寻某些文明社会的价值观和制度，以及它们遭遇其他文明时发生的变化。但是这样仍会存在对某种文明过度简化或者形成刻板印象的危险，抑或忽略了表面区别之下的相似性。

为了促进内部团结，脱离外部世界，各文明社会的领袖热衷于宣扬其文明特质，这是事实。因此几乎所有文明社会都明显感觉到它们与“其他
12 人”（被希腊人称为“野蛮人”）不同。虽然并不是所有的文明都在迅速扩张，但为了增加资源、缓解人口压力，存在一些扩张主义趋势。伴随着扩张产生了对一些共同特征的认同需求——无论是语言的、宗教的，还是政治特色上的，这有利于领土和多样化人口的统一。每一种文明都在形成自身的某种风格。埃及强调强大的君主制，宣扬对来世的重视和色彩鲜艳、令人愉悦的艺术。美索不达米亚，由于自然灾害较多且政治不稳定，较少注重建立统一的中央政府；其宗教更加消极，强调来世的惩罚。但是另一方面，美索不达米亚对科学产生了更为广泛的兴趣。

早期文明形成了四个非洲－欧亚中心（Afro-Eurasian centrer），一直持续到大约公元前 1000 年，到此时有些文明已崩溃或衰落，这种情况通常发生在遭到游牧民族（比如来自中亚的印欧部落）入侵时。随后开始了文明史上的古典时期。公元 800 年之后，在地中海地区（包括北非、西亚和南欧）、印度和中国出现了更为丰富的文明体系。古典文明发展了文化、政治和商业体系。内部贸易的增加使一种文明内部的各地区逐渐专业化。更具野心的政府则建立了帝国。中国建立了持续时间最长的帝王统治，帝国统治则在印度、希腊，尤其是罗马反复盛行。主要文化价值体系——印度的印度教和佛教、中国的儒家思想和道家思想、希腊和罗马的公民宗教和世俗哲学——奠立了各文化的根基。这些文化能促进整个社会（或至少在上层社会）的团结：中国的贵族用同样的语言文字交流和记录，创立了统一的哲学思想体系。这些共享的文化和制度也有助于传扬一种社会的身份认同感和区别于其他社会的特征。

随着农业经济的发展和人类文明的形成，人类社会持续进行着各种各样的文化交流。因为人类种族处于不断迁徙之中，接触与交流实际上是普遍现象。远在古典时期之前，各地区就通过这些交流获得一些本土原来没有的新的食物种类，也获得了新技术，包括农业生产和金属制造。迁

徙和游牧民族的周期性入侵是交流的方式之一。另一种方式是贸易往来。远在古典时期之前，就有了从中国贯穿印度和中亚，一直延伸到中东和地中海地区的贸易路线；由于交易的主要货物是丝绸，这些路线被冠以“丝绸之路”的名称。但是，交流所产生的影响却相当局限。地中海地区的富庶一族喜欢中国丝绸——这种在罗马帝国广受欢迎的织物——但他们对中国几乎一无所知，因为他们从未到过中国。贸易还在逐步发展。

当时的社会发展仍主要在某一文明内部进行，就像商业发展一样。 13
对外来者的强烈怀疑与耗时又危险的长途旅行限制了交流的普及与影响。主要的古典文明之间几乎没有直接的接触。大多数交流受到了游牧民居住区域或农业发展缓慢的民族的限制。交流虽遍及各地，却常常未能延伸到邻近的主要文明社会。因此中东和埃及，以及古典时期的地中海地区，与撒哈拉以南非洲的尼罗河上游的发展中心（起初叫做库什）建立起了联系。汉朝时期的中国对朝鲜和越南产生了一些影响。贸易最活跃的印度则与包括现在的印度尼西亚在内的东南亚各地区展开了交往。

发生在古典文明时期最后一个世纪之前，也就是公元 300 年后之前的主要古典文明之间的直接交流，当属公元前 4 世纪亚历山大大帝经由中东和波斯深入到印度西北部的征服。一个受希腊影响的王国——巴克特里亚（大夏），曾建立在南亚地区（今巴基斯坦和阿富汗的部分地区）长达一个世纪之久。受这次不同寻常的交流的影响，南亚许多地区一度模仿希腊的艺术风格，连佛像的装束都是地中海式的。印度也使用希腊发明的一些数学概念。这种交流进一步促使后来的印度统治者考虑让佛教使者们出使中东地区。在那里他们虽没有赢得任何的皈依者，但确实传播了其伦理观念，影响了诸如斯多葛学派之类的哲学体系，进而也影响了基督教。这可谓是交流产生的重要结果，但总体上来说，首先也令人觉得意外的是，这种交流没有产生持续的影响。各主要文明还是从内部交流中获得了更大的贯通——就像儒学从中国北方传播到南方，北印度的印度教和种姓制度传到南印度。但是每种文明最具特色的政治和文化体系仍是相对独立的：儒家思想是中国的，印度教（除了小范围地传播到东南亚之外）是印度的，凡此种种。

随着文明的发展，不管是通过接触还是有限的交流，性别体系——男女之间的关系、角色分配和男女各自性别特质的定义——同样也在逐渐形成。实际上，影响性别体系的最大变革是农业的兴起——它还要早于文明自身的发展。最终农业的演变会与文明的演变交织在一起。

从狩猎和采集到农业生产方式的转变逐渐终结了男女之间的平等关系。在狩猎和采集过程中男女双方分工合作，为获得重要的经济作物贡献力量。当时人口出生率较低，部分原因是哺乳期较长。其结果有利于女人们投入到采集谷物和坚果的劳动中去，因为太频繁地生育和照料婴儿是
14 一种负担。女人的劳动通常比狩猎者为社会创造更多的食物，但是狩猎者总是揽得更高的声誉。稳定的农业生产改变了这种情况，更加突显了男权。虽然某些文化体系，包括多神教，可能会强调女神的重要性，它们认为女神是与繁殖相关的创造性力量的孕育者，因而对农业至关重要，但是新的经济方式仍推动了更明显的性别等级的产生。这时的男人通常负责种植粮食，女人虽也起重要的辅助作用，但主要还是由男人提供大部分食物。出生率有所上升，部分原因是食物供应更有保障，另外是因为需要生孩子来提供劳动力。这可能是男人承担了大部分农业劳动的关键原因，因为女人更多的时间在孕育和哺育。这意味着女人的生活内容转变为孕育和抚养孩子。这就是随后普遍父权制度产生的背景。

在父权社会，男人被视为优等生物。他们拥有女人没有的合法权利（虽然法典至少在原则上保护女人不受虐待）。因此公元前2世纪，美索不达米亚的国王颁布了《汉谟拉比法典》，规定如果女人到处闲逛，忽略家庭，蔑视丈夫，不能悉心照料家庭，那么就应该被“扔进水里”。但对男人却没有相同的条文规定，虽然法典的确也规定了如果丈夫不能供养妻子，妻子可以离开丈夫。

许多农业社会禁止女人拥有私人财产。它们允许男人娶多个妻子（如果男人能养得起）。多数社会会惩罚女人的性犯罪——比如犯了通奸罪——惩罚力度远远超过对男人此类行为的惩罚。实际上，一些历史学家曾洞察了父权制度的关键目的在于确保妻子所生的孩子为丈夫的子嗣。由于财产在农业社会的重要性（与狩猎和采集社会相比），男人迫切需要

保证财产传给其子嗣,这就需要控制妻子们的性行为。男权社会还有其他一些重要表征,例如儿子优于女儿。许多家庭利用杀婴来控制出生,女婴经常被杀害。从文化方面来讲,父权体系强调女性的脆弱和弱势地位。它们极力宣扬家庭责任,有时限制女性出入公开场合的权利。父权制度影响深远。多数女人在父权制度下胆怯畏缩、孤立无援,因此反抗几乎不可能——尽管也有这样一些情况,女人们可以通过操控丈夫和儿子,或是对家庭中处于劣势地位的女人耍点威风来从中获得一些满足。

文明的产生——总是最先始于农业经济体制中——不是为了引进基本创新,而是主要为了巩固父权制度。文明还有两种影响:带来进一步的不平等现象,以及在风格与特征上的有趣差别。

就第一点而言,随着时间的推移,农业文明变得愈加先进,女人的不 15
平等地位也日益加深。比《汉谟拉比法典》产生稍晚的犹太律法,关于女人性行为以及公共角色的处置更加严苛。在中东其他地区,女人在公共场合需要以面纱遮面,这种习俗显示了女人的弱势地位,证明女人属于父亲和丈夫。中国女性地位的恶化表现在唐朝(古典时期结束后)缠足的习俗。[①] 女孩的脚趾骨被折断,这样走路便不能轻松自如,因为步履轻缓的姿态被认为是一种美和端庄体面的标志。这种习俗尤其对上层社会的女性束缚更大,因为她们家庭富裕,可不必从事生产劳动。这种束缚迅速蔓延,然而所产生的象征性影响更为广泛。直到20世纪早期中国缠足的习俗才结束。

文明社会中这类恶俗滋长的原因与男性占统治地位的政府权力的不断增长有关,他们不断削弱女性在家庭中的非正式政治角色。当然,关键因素是财富的增长(尤其对上层社会来说),使得社会更加注重女性的装饰性而非实用性。

父权制度主要对女性带来影响,但显然它也影响对男子气概的定义。无论男性拥有怎样的性格,他们都需要表现得强势。他们应避免娇宠女人,尤其在公开场合。通常,他们应该准备好承担军事或其他领导职责,还有

---

① 此说法系原书作者的观点,不代表译者与出版者的看法。本书他处论及此种观点时,不再一一说明。——译者注

原则上他们需要负责家庭的经济来源。多数情况下，在众多男性成员中，长子会受到特别优待，因为在父权制度中会按尊卑排序，由地位高、能力强的人掌权。一些社会容许某些类型的男性保持不同的特征，例如迷恋女性化行为或服饰，或者表现出同性恋性倾向。其他一些类型的男人可能更为特殊：许多宗教中的牧师不能有性行为，还有，在宫廷服侍统治者妻子和妃嫔的男人们（由于无传承子嗣与国王或皇帝的孩子们竞争，因此有时在某种程度上会获得极大的政治权力）则会被阉割成太监——这从反面证明了对男性性征的重视。

父权制度也塑造了男孩的性格发展，促使男孩与母亲和父亲的复杂关系的形成。至少在上层社会中，父亲在儿子们的生活中扮演的是敬而远之的权威角色。男孩与母亲建立的情感纽带是持久而亲密的。

随着农业与文明的发展日益深化了男女间的不平等地位，最后一个关键的，同时也是早在世界历史的早期文明阶段就存在的问题是：不同社会的父权制度有很大的不同，在任何情况下这种制度的表现也都不是完
16 全一样的。文明产生之初所形成的独特的文化和政治体制同样也会影响关于男女性别及其职责的观念。

我们总是很难清楚地知道为什么各文明的性别体系会不一样，正如很难解释为什么古印度社会比古代中国更重视宗教，或者为什么希腊和中国对科学的定义有所不同。无论是在性别体系上还是在其他问题上，差异一旦产生，就会持续下去。这中间的对比是很微妙的：所有的河谷文明和古典文明都催生了父权制度，但是这些文明强化了各具特色的具体性别角色和文化。相似性与差异性是同等重要的。

在早期河谷文明中，相邻的埃及和美索不达米亚文明清楚地说明了父权制度的特点可能会不同。美索不达米亚文明强调女性的弱势地位并隶属于男性统治，埃及文明则赋予女性（至少在上层社会）更多权力，并且经历了几位强权王后的统治。美丽的奈费尔提蒂——法老阿赫那吞的妻子，其统治时期在解决宗教争端问题上颇具影响力。后来，埃及女王克利奥帕特拉奋力反抗罗马帝国对其的控制，曾一度扮演了铁腕女王的角色，尽管最后葬送了埃及。埃及艺术也对女性进行了精心描绘，女性的葬礼也

比较隆重(尽管仍比不上有影响力的男性的葬礼)。女人和男人一样可以变成天空女神努特身体上的星星,这是埃及人对来生的一种假想。埃及的父权制度是毋庸置疑的。一位埃及作家——普塔霍特普,大约在公元前2000年时清楚地解释了这一点:“如果你是个有理性的男人,那么理应持家,也要好好去爱家中的妻子。填饱她的肚子,为她披上外衣,但千万不要让她掌权。”无论在日常生活中还是在社会影响方面,埃及的性别体系独具特色。

并非所有的农业社会都允许一夫多妻制,在这一点上印度与中国和中东地区不同。一些社会按母亲而不是父亲来追溯孩子的血统——犹太律法历来如此。这并不能阻止不平等地位的产生,但从文化和法律方面赋予了母性重要地位。关于女性的财产权或者能否摆脱不幸婚姻方面的法典各不相同。文化表现差异也很大。在一些宗教中,女神扮演着至关重要的角色,而在其他文化体系中,男性主义占据了完全统治地位。在不太重视宗教的中国,女性就缺乏寻求象征性慰藉的渠道,状况至少不如女神形象丰富的印度,也不如信奉性别丰富的多神论的地中海地区。

差异同样也关乎男性。笃信宗教的社会,比如印度,会赋予担任祭司或神职人员的男性崇高的地位,与此形成对比的是,一些社会比如地中海地区会倾向认为拥有军事和竞技才能的男人才是完美的。不同社会对同性恋和双性恋的看法也不同。在希腊和罗马,上层社会的男人通常会收一些少年男子当门徒和情人。这种现象与正常的家庭角色或对男子气概的强调并不冲突。

父权制度上的差异在三种主要古典文明中表现突出。中国贯彻了最 17
彻底的父权制度,这与儒家学说所强调的等级秩序相符。从某种程度上来说,家庭中的男性就相当于社会中的皇帝:他们主宰一切。女人被教导要顺服,要擅长持家。班昭是一位有影响力的女性,(尽管地位卓越,或者也许由于这个原因)写了一本经典的教导女性的父权手册(《女诫》,大约在公元1世纪;它成为中国持续时间最长的女性指南,直到19世纪还在刊行)。她提到:“谦让恭敬,先人后己……忍辱含垢……正色端操,以事夫主。”根据中国的社会传统,勤俭持家、生育儿子就是成功女人生活的圆满所在。

印度的社会体系不同。女人地位低下；印度思想家还争论过（但未达成一致），如果一个女人生前拥有有价值的人生，来世是否需要托生为男人来提高灵魂境界，还是可以直接上升到更高境界。通常当女孩和男孩还年幼时，父母为了确保大家庭的利益，会谨慎地安排子女的婚姻。女人要先后忠诚于父亲和丈夫。然而和中国不同的是，印度文化较为关注与推崇女性的聪慧和美丽。情爱更受到重视，无形中把女性和男性联系在一起，尽管还存在基本的不平等现象；即将为人母的女性负担会更重。古代印度也不太强调把女人束缚在家中。

地中海地区的古典文明呈现了第三种情形。对哲学上的理性主义和科学的重视，催生了一种区分男女的传统，这种传统认为男性是理性聪明的，而女性则更加情绪化，智力水平有限。希腊思想家认为应该善待女人，同时也强调她们的弱势地位和家庭职责。无论是公共职责还是体育竞技都仅限于男人。强奸未婚女性是犯罪行为，但没有诱奸有夫之妇者承担的罪行重——因为后者需要赢得他者欢心、背叛丈夫。但是一些女性可以拥有财产；女性出入公开场合的机会也比中国多。在希腊统治时期，不平等的情况有所改善，至少在上层社会中，女性可以参与文化活动和从事商业贸易（虽然是在男性指导下）。

此外，在罗马，女性的地位也随着时间推移有所提高——这是父权模式下的另一例外情况（虽然在公元1世纪后，帝国统治时代有一段衰退期）。早期的罗马社会对女性的性犯罪施以残酷的刑罚。“丈夫是妻子的法官。如果妻子犯错，丈夫惩罚她；如果她喝酒，丈夫谴责她；如果她犯了通奸罪，丈夫可以处死她。”然而之后罗马开始关注法治，鼓励稳定的家庭
18 生活，使情况得到了改善。家庭法庭的建立限制了丈夫的权利，这种家庭法庭由妻子和丈夫的原家庭成员组成，以解决双方争端。女人们自由地出入公开场合，参加大型娱乐活动。虽然她们会因为通奸罪而受到惩罚失去三分之一的财产，但这些惩罚措施与其他父权文明相比还是相对轻微的。最后一点，罗马文学与希腊文学一样，充满了古灵精怪的女神和男神的故事。

总之，在古典时期前后，即使一些主要社会没有实行全面的父权制

度，父权制度总是伴随着各种差异而存在。差异不但影响着女性的职责与定义，也影响着男性的职责与定义。不同时期的趋势也不同。

这就为文化接触所可能产生的复杂影响提供了沃土，不同社会在交往时相互了解。因为父权制度在男女间制造了紧张关系，男人迫切地想要维持统治地位，但有时还不太确定如何在家庭中发挥这种作用，女人虽不反抗，但对她们的命运并不满意；这时人们对另一个社会如何处理性别问题的了解或他们所认为的了解可能会产生极大的影响。男性往往可以通过贸易或战争经历各种文化接触，因此更容易以此去证明男性做法的合理性，也往往会夸大或歪曲其他社会的性别模式。父权制度根深蒂固，要在形成新模式上有所突破可能会需要长时间的、非同寻常的相互接触。但是接触形式并不固定，存在各种可能。一个社会与另一个社会的父权制度标准也不同，因此相互交汇可能具有破坏性，尤其是当文明社会遭遇游牧社会时，这种可能性会更大。

河谷文明时期和现存史料丰富的古典时期都未曾强调带有不同标准的文化间接触的重要性；文明的重点是建立各自的体系，包括父权制度体系，并通过这种过程把各民族融合在一起。大多数民族通常意识不到其他社会可能会有不同的做法，但是社会间的交流虽少犹存，包括人们偶尔对不熟悉地区的探索。通过这些交流，我们能初步了解当时社会可能做出的反应：各种文化都在努力把性别角色确立为社会秩序的重要组成部分时，如何处理其他社会可能存在的性别模式？

古典时期末，交流日益升温。尤其在罗马和中国，政治制度问题为相互接触提供了新的可能，包括对外侵略和宗教传播。各类游牧民族入侵文明社会领地——中亚的匈奴入侵中国，之后印欧、日耳曼部落入侵南欧。佛教和基督教传教士在本土之外寻求皈依者，包括其他文明社会和制度落后的中亚或北欧地区。在早期文明和古典时期偶尔为之的交流，包括侵略、战争和有限的贸易往来，此时则司空见惯，各民族对其他性别标准体系开始有所了解。 19

第一部分

从古典文明到后古典文明时期

21 这一部分的各章主要介绍古典主义和后古典主义时期，文明社会之间或文明社会与其他类型社会（尤其是游牧民族）之间各种各样的交流方式。时间跨度从公元前500年左右到公元1500年左右。这一时期是第一个我们对于各种交流形式有丰富证据的时期，这些交流形式可能会影响性别体系的构成，即如何定义男人和女人、男性角色与女性角色。早期的交流无疑会影响性别角色，例如，引进文明社会的农业技术相应产生了对父权制度的重视。但是详情（包括关于男性和女性的具体讨论）仍较为神秘。

正如第一章所讨论的，以中国、印度和中东/地中海地区为中心的古典文明强调扩张和内部融合。它们极力建立政治、文化体系和贸易渠道，以实现文明社会的联结。文明社会之间也有交流，主要是通过区域间贸易，但通常并未产生深远影响。当时对于性别问题的处理主要是强调对父权制度的巩固，方法是将父权制度与各自社会的文化、体制相联系。

总之，古典时期（大约公元前1000年到约公元500年）是主要文明中心扩张和融合的一段时期。波斯帝国兴盛于中东，其繁荣程度远远超过河谷文化时期。中国的文化体制从北方传播到南方，建立了中央王国。印度教及其社会制度在印度形成，后来佛教的兴起使情况变得复杂。希腊和罗马社会先后扩张到了地中海沿岸和中东部分地区。

明确性别标准是塑造古典文明的部分内容。在中国，有指导男女行为规范的手册——这清楚表明社会需要定义性别角色（至少在受过礼教的上层社会中有这种需要）。希腊哲学家，例如亚里士多德，把性别作为基本政治和社会理论的组成部分进行过讨论。印度和罗马的法学家重视性别规范。确立性别标准也是定义社会本身 22
的一部分。

古典时期地区间的交流的确存在，我们将在接下来的两章阐述。多数情况下，这些交流有限而时断时续。奢侈品贸易是一种重要的交流形式。罗马帝国定期派人远征印度，一位中国皇帝曾派特殊使团去印度为他的动物园弄头犀牛。这些交流很有趣，但和性别问题没有太大关系。主要社会忙于确立各自的性别标准，反正都是父权制度，所以在这一问题上不太容易受到其他社会的影响。有一些例外情况出现在地中海和中东地区的复杂社会，佛教与中国的关系代表了一类有限的交流形式，也异常有趣。

接下来，后古典时期——500年至1450年——呈现出另一幅局面，原因有以下几点。传教活动的兴盛促使了一系列与性别相关的历史事件，正如佛教传播到中国所表明的。亚、非、欧之间的区域间贸易更加频繁——构成了另一种交流形式。各社会开始有意效仿邻国，寻求文化进步和经济发展，比如俄国和拜占庭之间，日本和中国之间。最后，军事交手——阿拉伯军队和印度或中国军队，欧洲和阿拉伯，以及后来的蒙古侵略的浪潮——带来了另一种交流形式。不是所有这些历史事件都涉及性别问题，但是很多的确和性别相关。交流的步伐在加快，在此过程中性别问题被重新审视。阿拉伯世界和中国在整个后古典时期创造了最大的影响，但是在后期，蒙古侵略改变了权力关系和国际交流的本质。

古典时期末期，内部衰落和外来侵略侵蚀几大帝国，比如中国的汉朝、印度的笈多王朝和罗马帝国，主要宗教开始向各自的文明以外传播。佛教对中国产生了巨大而有争议的影响；基督教传到欧洲，最终超越了罗马最远的疆界；伊斯兰教的兴起带来了另一股力量。随着阿拉伯人的征服和广泛的国际贸易，世界宗教的传播奠基了亚、非、欧各文明间前所未有的常规交流。同时，各文明所覆盖的地理区域不断扩大。处于文明边缘位置的地区更加积极地效仿文明社会，尤其在宗教、艺术风格，甚至是文字等文化方面。因此日本和中国、欧洲和地中海世界、俄国和拜占庭帝国，撒哈拉沙漠以南的西非和伊斯兰地区展开了相互往来。

23 后古典时期的性别关系越来越倾向于强调男女的不平等地位这一农业社会的典型模式。这一时期，缠足的风俗在中国传开，而在印度出现了一种新的风俗——殉夫，这种风俗要求寡妇投身丈夫火葬的柴堆里自焚，理由是她们已经没有继续活下去的意义。殉夫的风俗比较少见，但具有象征性的启示。在阿拉伯社会，伊斯兰教虽减少了对女人的一些不利限制，后来产生的一些做法，包括遮面，却进一步强调了性别差异。但是后古典文明时期文化交流也比较频繁，人们对其他社会的做法有了更多的了解,因而可以更好地审视性别价值观念。不断发展的世界宗教强调男女间的精神平等,这既与传统观念相矛盾,同时也使现实生活中日益突显的不平等情况更加复杂(或者有时是无意为之)。后古典时期还出现了提升女性地位和降低女性地位的有趣事件,文化接触在重新定义性别的过程中发挥了至关重要的作用。

接触(或言"相互交融")对性别观念还产生了其他影响。某些文化开始重新对待同性恋现象,结果不尽相同。宗教皈依和新的商业角色都会影响男子气概的标准,尽管影响的方式不一定相同。

接下来的几章将会讨论关于不同类型接触的几个主题,这些主题与古典和后古典时期的性别问题有关。首先,蒙古时期与游牧部落的几次接触对接触各方都有重要意义。第二,旅行者的记录通常都很有趣,它们讲述有关"其他"民族性别方面的风俗和故事——后古典时期这类记录更多,但也有一些关于古典时期的重要论述。第三,关于文化接触的主要历史事件均涉及明确的,同时有一定差异的父权体系作为交流的部分内容,虽然游牧社会仍处于模仿早期的文明阶段。

最后,自古典时期末往后,由于传教活动的频繁发生,以及宗教与贸易和战争的交织,一些关键接触涉及了新的宗教元素。与外来宗教的接触可以检测性别体系。世界三大宗教——佛教、基督教和伊斯兰教——都坚持基本的精神平等;女人和男人一样也拥有灵魂。所以原则上宗教可以摧毁父权制度。但是宗教仍以各种方式与男性统治制度和平共处，因为它们强调的是来生而不是对现世的改变。换句话说，宗教交流的影响不可预测，尽管它们总是挑战现存的性别关系。第三章和第四章将会探讨这些问题，随后第二部分探讨的情况也与此相关——彼时基督教成为更加突出的世界力量。

由古典时期末，尤其是后古典时期开始的接触，在之后的几个世纪里持续进行着。第三章和第四章会探讨这种持续性，这种持续性不仅证明了新的交流方式的重要性，而且也表明各社会需要时间来调整既有的性别习惯。

延伸阅读

关于接触和文明，见：Jerry Bentley, *Old World Encounters: Cross-Cultural Contacts and Exchanges in Pre-modern Times* (New York: Oxford University Press, 1993).

关于性别，见：Dale Walde and Noreen Willows (eds), *Archaeology of Gender* (Calgary: Archaeological Association of the University of Calgary, 1991); Margaret Ehrenburg, *Women in Prehistory* (London: British Museum Press and Norman, Okla.: University of Oklahoma Press, 1989); Barbara Lesko (ed.), *Women's Earliest Records from Ancient Egypt and Western Asia* (Atlanta, Ga: Scholars Press, 1987).

第二章

早期接触：文化多样性带来的影响

古典时期的发展使我们可以深入洞察不同价值体系之间的交流对性 25
别，尤其是关乎女性评价及职责方面的影响。中东和地中海地区（西亚、北非和南欧）提供了很好的案例，有如下两点原因。第一，有充足的文献帮助我们了解该地区关于女性的各种看法如何影响与其接触的群体。第二，该地区毫无疑问更具多样性，几度的征服和侵略为接触交流提供了机会。

同时，公元前最后几个世纪和公元最初几个世纪出现的交流方式可以产生一些初步影响。这个地区尽管存在文化多样性，但都是高度父权制社会，这会局限交流所产生的影响。罗马人可能觉得，他们对女性的看法和在与希腊贸易往来并征服希腊时所了解的希腊人对女性的看法几乎没有差别。同时，尽管关于女性的观念在不断发展，而且这也是古典哲学的一个重要部分，它们却没有被体现在广泛流行的文化体系（比如宗教）中。下文中我们将看到，这一时期的宗教交流对性别观念的变化起了重要作用，但其影响力远远不及几个世纪之后开始的由传教士传播的宗教。换言之，接触不一定会引起宗教转变；如果没有宗教转变，关于女性的具体观念可能也不会受到深刻影响。

因此这一时期的主要接触，比如公元前 4 世纪希腊文化和（由西北部传入的）印度文化之间的接触，尽管在艺术和思想方面产生了巨大影响，在性别方面并未产生明显的影响。显然，这是文明接触史上较为初级的时期，这一时期的交流繁杂且相当局限。

此时期还有另外一个特征，像希腊和罗马这些主要社会正在确立男女性别观念：此时还有可能形成超乎自己所熟悉的文明领域之外的关
26 于性别的奇异观念。早期旅行者表现出一种有趣的陌生感，甚至是焦虑感，这反映了他们对遥远民族的一无所知，还有对于本民族传统稳固性的担忧。

希腊和希腊文化

大约公元前800年文明开始在希腊形成（早期社会的发展往往会由于侵略而中断），父权制度的很多标准特征很快显现出来。希腊是否从美索不达米亚或者埃及（从中肯定衍生了一些其他特点）那里借鉴了关于男女的观念不得而知。这一观念制度的产生很可能是稳定的农业社会和日益明晰的政治制度发展的结果。在强调女人的弱势地位和基本的家庭责任的同时，希腊父权制度也经历了一些曲折。很多希腊城邦非常军事化，这可能会更加强调男子气概的攻击性。斯巴达特别强调军事组织，在训练的关键时期男孩需要与女孩分隔开。女人也从事体力劳动，但她们的主要职能是做母亲——生育更多的男孩以支持男性雄风。一个斯巴达人如此总结给女性的建议："嫁个好男人，生养好孩子。"

很多上流社会的希腊男性是双性恋，他们收男孩做门徒和恋人。这并不会妨碍他们的婚姻，但这种现象可能会减少他们和女人的社会交往。希腊政治活动经常涉及投票和政府服务工作，强调以男性为首的家庭。是否掌控财产对于投票权很重要，这也许可以从某种程度上解释为什么会出现这种家庭倾向。女性理所当然地被认为不适合参与政治活动，这加深了男女之间的差距。希腊哲学对理性主义的注重又制造了另一差距，因为女性被认为更接近自然而缺乏理性。一位作家做了如下精辟陈述：

> 起初上帝单独制造了女人。一个是他用长毛猪制造出来的。在她家里一切都乱七八糟，四处涂抹着污泥……自己也不洁净，穿着从

> 来没洗过的衣服，坐在粪堆里，长得肥胖。另一个他造自一个毒妇：一个无所不知的女人。坏事、好事都逃不过她，因为她总是把好事称作坏事，把坏事称作好事。她的态度永远在变化。

一种极端的看法甚至认为女人是愤怒之神施予男人的惩罚。

尽管女性作为母亲以及参加宗教庆典时会受到尊敬，但是她们的日常地位还是很低。她们不具有法律独立性——她们的监护人首先是她们 27
的父亲，其次是丈夫。甚至寡妇也要回到娘家监护之下。希腊语中的婚姻一词意为“借贷”：女人从父亲那里被借贷给丈夫。基于这种背景，通奸和勾引通常比强奸所受到的惩罚严重得多，因为前者是把女人从她们的丈夫那里夺走，这是对丈夫的侵犯。总之，希腊的父权制度虽然没有中国的类似制度系统，但是在强调女性的愚笨和附属地位上，两者具有许多共性。

希腊旅行者：希罗多德

希腊的性别观念体系也不可避免地与其他观念发生碰撞，甚至在希腊内部也存在着各种不同观念。雅典领导者经常指责斯巴达赋予女性太多权利。希腊在地中海与黑海地区也从事着广泛的贸易，这使他们接触到了不同的文化体系。总之，希腊人在对待与其不同的处事方式时嘲讽（希腊人称其他民族为“野蛮人”）和宽容兼有。但他们并不觉得有什么值得学习的东西来改进本国的习俗。同时，对外部世界的无知以及对希腊文化的自负，再加上因女性所引起的一些冲突事件，共同造就了希腊关于其他社会男女关系的夸张看法。

希罗多德，出生于公元前484年，是希腊第一位伟大的历史学家，写过一本旅行记。他在希腊接受教育，游览过波斯帝国的许多地方，即中东大部分地区、埃及以及包括利比亚在内的北非周边区域。他也曾远行到达多瑙河的北部和黑海。通过这些旅行（在当时可以说是涉足了极其广泛的区域），他见闻了自己闻所未闻的故事。他把自己对世界的探索写进了

《历史》一书，该书主要描述了公元前499—前479年希腊与波斯间发生的战争。

希罗多德是一位细致的观察者，比较热衷从传说中剥离出事实。他也比较包容，也对不同于希腊本土的风俗感兴趣。因此他发现埃及人并未有杀女婴的风俗时，表现得略为吃惊，但却是一副这与希腊毫无关系的态度。希罗多德也接受或重复了一些对事实的歪曲。他容易轻信关于怪异动物的传说，也轻易接受一些关于某些社会的人们通常会吃掉年迈父母的故事。此外，他在对待女人所受到的各种离奇待遇问题上也持开放态度。

比如，他在对吕底亚人民的描述中称：

> 吕底亚普通人民的女儿们全都干这种卖淫的事情，以便存钱置
> 28 办自己的嫁妆，直到她们结婚为止……吕底亚人的风俗习惯和希腊人
> 的风俗习惯是很相似的，不同的只是他们叫他们的女儿卖淫这一点。

然而，作为一个乐于发现人类丰富生活形式的宽容的观察者，希罗多德却能接受一个关于极端"性"习惯的不合理的结论。在描述来自黑海北部的阿伽杜尔索伊人时，他写道："他们是乱婚的，这样他们相互间都是兄弟，相互之间既都是一家人，这样他们便不会相互忌妒和嫉恨了。在其他风俗习惯方面，他们是和色雷斯人接近的。"在描述来自北非的利比亚人时，他写道："他们把所有行将结婚的少女领给国王看，只要国王喜欢的话，他可以占有她们随便任何人的处女之身。"关于另一个利比亚群体，他写道：

> 他们的习惯是每个男子都有很多妻子，它们和妇女又是杂交的，就和玛萨该塔伊人的情形一样。他们把一个棒子放在居室门前，然后即性交。当一个纳撒摩涅斯的男子第一次结婚时，在第一夜里新娘必须按照习惯和所有的来宾依次性交。而每一个男子在和她性交之后，便会把从家中带来的礼物送给她。

其他故事讲述的是暴力而非性。一个居住在埃及并且受希腊影响的部落欧塞埃斯人：

> 他们对雅典娜每年举行一次祝祭，在祝祭的时候，他们的少女分成两队，相互用石头和木棒交战，据他们说这样做是遵照他们祖先的方式来崇敬当地的那个我们称之为雅典娜的女神。因伤致死的少女被称为假处女。在女孩子开始交战之前，全体人民总是先把最漂亮的女孩子选出来，给她戴上科林斯的头盔和穿上希腊的全副甲胄。

如果此传说为真，这就是一个有趣的民族融合的例子：希腊元素用于非希腊的仪式。希罗多德再次以性结束了这个插曲：

> 那里的男女之间是乱混的。他们并不是夫妻同居，而是像牲畜那样地交媾。当一个妇女的孩子长大的时候，他便给带到每三个月集会一次的男子们那里去，而这个孩子便算作和他最相像的那个男子的儿子。

希罗多德花了大量的精力来研究阿马松人，一群战士般的女人，她们
的劳作通常不需要男人，据推测她们居住在中亚。这里，他渲染了一个在 29
希腊广泛流传的看法。希腊人声称曾与阿马松人有过交战，而阿马松人残忍地杀害了能杀的任何男人。在一则叙述中，阿马松人为了结婚和繁衍的确也和其他民族融合，而每一个阿马松女孩在结婚前必须杀死一个男人。另一个故事讲述了阿马松人和一个叫做西徐亚的部落结合，西徐亚族男人设法和女战士们发生性关系。西徐亚人邀请阿马松人到他们的家园，但是阿马松人答复道：

> 我们不能和你们的妇女住在一起，因为我们和她们的风俗习惯不同。我们射箭、投枪、骑马，可是我们从来没有学过妇女的事情。你们的妇女从不做我们所提到的事情，而是坐在她们的车里做妇女的事情，从不出来打猎或做其他什么事情。

年轻男人们表示赞同，从那以后女人们和她们的丈夫一起打仗狩猎，“穿着和男子同样的衣服”。

这本旅行记中关于性别问题的描述有几点值得注意。首先，希罗多

德经常觉得女性的行为比他所遭遇的其他任何事情都要奇怪，这可能与他来自一个严格的父权社会的背景有关，容易标榜和夸大彼此间的差异。第二，他很少指责，在这点上他像世界历史中后来出现的其他观察者一样，乐于接受和渲染人类多样性。但是同样，他也没有觉得有什么是值得称道的：没有建议希腊人可以通过稍许的模仿来改善男女之间的关系。其他民族可能会效仿希腊人。比如，他记录到波斯人效仿了希腊男人与年幼男孩发生性关系的习俗。然而，希腊本身并没有什么可以改善之处。

最后是对性与暴力明显表现出来的兴趣。尽管希腊并不是一个受压抑的社会，却不鼓励乱交；从这一背景来看，男人容易相信淫荡好色的陌生人的故事也许并不奇怪。当然，这也成为旅行日志中的共同主题：利用“其他民族”来撩拨性幻想或激起本国的道德讽刺（见本书第八章中西方人近期对波利尼西亚人的反应）。对具有攻击性的女人的关注既基于真实性，也有恐慌情绪在内。希腊人与游牧民族的接触，毫无疑问的是他们所遭遇的民族赋予了女性更多职责，包括作战的职责。他们恰当地记录了这一事实，正如对从黑海北部迁徙过来的民族的记录一样，但是也有所夸张，如关于阿马松人的记录。女性可以随心所欲的看法既吸引人也令人害怕，因为它与本民族要求女性顺服和持家的传统形成了鲜明对比。这里的夸张折射出人们的紧张和焦虑，提醒人们一旦放松对父权制度的控制就会导致混乱局面。就此而言，旅行使人们不仅对本民族的看法而且对于外民
30 族的风俗都有了更深刻的洞察，但是它倾向于保护，而不是利用接触作为一种创新来源。

希腊化社会

公元第 4 世纪之后，马其顿征服者亚历山大建立了伟大的帝国，交流更加广泛，希腊的父权制度受到了巨大挑战。这个时期希腊的城邦开始衰落。马其顿人征服了希腊，利用希腊士兵、官僚和学者在中东和埃及建立了一个帝国。尽管帝国很快瓦解为区域性王国，但是希腊文化和其他文化的融合持续了几个世纪。亚历山大本人就娶了一位波斯公主，表明了他想

在地中海东部打造新的文化融合的愿望。这一融合结果所产生的希腊化社会与古希腊社会显然不同，尽管与其密切相关，尤其是在文化领域。

早在亚历山大时期之前，希腊—波斯之间就因贸易与战争有过接触。希罗多德称波斯朝臣们模仿希腊风俗，把男孩当作情人——虽然事实上波斯宗教强烈反对同性恋。地中海东部、北非和欧洲东南部各民族的融合同时呈现了各种性别模式，它们之间的相互影响不可避免。问题是很难找到足够的证据，例如希罗多德关于波斯的说法。

亚历山大引起的最具戏剧性的文化碰撞是希腊人与居住在次大陆西北部名叫巴克特里亚地区的印度人的接触。希腊人统治这个印度王国约两个世纪，相互模仿的可能性也因此很大。巴克特里亚人借鉴了希腊的艺术风格，所作图画中的佛穿着地中海式宽袍，留着地中海式发型，这种模式在这个地区持续了大约 100 年。印度数学家与希腊科学家们有过互利互惠的交流，但是先进的印度计数系统没有被希腊接受，这标志着文化之间存在着鸿沟以及交流的力度不够。巴克特里亚的很多希腊领袖皈依了佛教。历史学家推测，可能有一批佛教信徒被派往中东，引起了人们对道德标准和精神性的重新重视，进而影响了之后的宗教和哲学发展。然而，具体情况还难以确定。关于男女之间的关系问题，还不清楚希腊一印度的接触是否产生过重大的影响。很可能具体细节差异太大而难以融合；也有可能如希罗多德所说的那样，希腊人对自己的生活方式太过自信，所以在遇到另一套比自己更重感官享受和精神性的性别体系时，会认为这种方式与他们毫不相关，或是产生排斥感。不管怎样，这种接触很短暂；很可能还需要更广泛也更持久的交流来影响诸如男女相互关系一类的价值观。 31
当然，此时的交流没有产生明显的结果，这与几个世纪之后在印度和中国之间开展起来的交流形成了对比（本书第三章）。

在希腊扩张的典型区域内，如中东和埃及，情况有所不同。希腊化社会女性的境况从几个重要方面来说，比希腊女性的境况要好得多，文化间的交流与这种反差有关。女性扮演着越来越重要的政治角色，和贵族们一起参政，有时也独立统治。法律宽容了，允许越来越多的女性拥有自己的财产并经商。女性更加活跃地参与到文化生活中，出现了几个著名的作家。

相应地，关于女性的描述更多的是赞颂，尽管还不至于到表明平等的地步。最后，具象艺术发生了戏剧性转变，对表现女性裸体方面的兴趣渐长，这与希腊式厚重的褶皱式服装风格形成了鲜明对比。

几方面的发展促生了这些新模式。主要原因是，向独裁君主制的转变解除了以男性为首的家庭结构的压力，这种制度不再是普遍政治参与的基础，也有文化交流的因素在内。马其顿衍生出了一种传统，那就是王室女性活跃在政治舞台上，这与大多数希腊政治领袖的妻子被赋予的被动角色形成了对比。埃及出现了另外一种法律，女性可以自由行动而不需要监护人。也许更重要的原因是新一波的来自北非和中东的统称为神秘宗教的宗教浪潮。这些宗教更强调情感上的虔诚，这与希腊宗教强调仪式的特点不同。在神秘宗教中，女神扮演着核心角色，如埃及的伊西斯女神。对创造力的强调凸显了女性原则，伊西斯成为其教派中最重要的神灵，拥有众多职责，包括掌管自然界生命轮回的职能。

对伊西斯的崇拜从埃及传到了希腊，之后又传到罗马，这是一个关于地中海世界性别交流的撩人的例子。女神在埃及人的崇拜中获得了至高无上的地位。她既象征着权力，又是母性的化身。很多希腊人也开始崇拜伊西斯：她似乎比希腊人自己的男神和女神们更具普世性，所以伊西斯帮助了希腊人在地中海地区传扬他们的宗教。她还有助于解释希腊宗教未能说明的问题，比如文明的起源。毫无疑问，对伊西斯的崇拜为许多希腊人和罗马人带来了精神上的满足——一个罗马人曾写到伊西斯如何“影响了他的灵魂并使之充满喜乐”。与此同时，很多希腊和罗马的崇拜者们把伊西斯化作熟悉的女神，例如，掌管造物和生育的女神。伊西斯的加入尽管在宗教方面带来了真正的改变，但还不清楚这是否影响了希腊和罗
32 马的性别标准。伊西斯也引起了那些反感埃及影响的宗教保守主义者的反对。总之，这类文化接触是古典时期地中海世界的重要内容，但它们对性别观念带来多大的影响还不为人所知。

我们不能夸大文化接触所产生的影响。希腊的境况比其他地方改变更少。例如，住在埃及的希腊女性可能不需要监护人，但希腊本土的女性仍需遵循旧的体系。另外，性别关系方面的变化主要影响上层社会，下层

社会的性别关系是否发生巨大转变也未可知。实际上，杀女婴（杀死女婴作为控制人口的一种手段）的事件越来越多，这表明刚萌生的对女性的尊重只是表面现象。当然关于女性特点和角色的详细情况，以及之后佛教在中国所引起的变化（尽管只产生了不可否认的有限的影响），史料中缺乏系统性的评估。

文化多样性模式一直持续到罗马时期——地中海世界古典文明的最后阶段。起初，城邦制的罗马对待女性非常严苛：根据早期罗马法律，丈夫可以因为妻子通奸而杀死她。但是法律逐渐改善，加之罗马受到温和的希腊化影响，到公元前 2 世纪罗马共和国成熟和扩张时，罗马也产生了相对温和的性别体系。罗马学者们的确曾模仿希腊作家对女性的卑下地位和肮脏的性欲望进行辱骂，但他们也效仿希腊歌颂贤良女性，包括那些作为贤妻良母对国家做出贡献的女性们。罗马宗教虽然和希腊十分相似，但是更为关注女神，比如宣扬维纳斯是“宇宙中掌控权力”的女神。罗马在地中海东部进行贸易与征服时所受到的希腊化影响，也为女性带来了一些法律权利，例如可以拥有财产，以及在丈夫进行不实控告时可以寻求保护。这些影响有助于后来一些以感官享受为目的的文学作品的产生，如奥维德的情诗。

来自希腊和地中海东部的影响也开启了上层社会罗马女性的装饰和奢侈之风。在罗马共和国早期，简朴生活受到称颂，对男性和女性都是如此。然而，在征服成功和随之而来的接触后，珠宝、丝绸和其他装饰品开始在罗马普遍流行起来。这尽管可能会分散女性在其他事情上的精力，却给女性的生活带来了别样的乐趣，因此这实际上证实了父权制度的不平等性。一些罗马男人不赞成这种浮华，另有些人持支持态度，理由是女性在生活中其他方面所拥有的太少了。这种对外来审美标准的争论一度渗透到了政治层面上。经过一系列的苦战，罗马通过了《奥庇乌斯法》，该法律限制了女性可以穿戴的金银首饰和华丽服饰的数量。公元前 195 年，罗马元老院为是否撤销限制而展开辩论。女性们在大街上游行，提出强烈的要求，既然共和国又繁荣了，就应该恢复她们穿戴华丽的权利。政治家们也在抱怨，理由是女性不应该拥有政治话语权而应该谦卑地待在家中。然 33

而另外有些人为女性辩护道:“如果主人不会蔑视奴隶的诉求,但当体面可敬的女人向我们提出要求我们却很生气时,我们还真是高傲到充耳不闻。”他们还提到,男性喜欢华丽的衣服,女性也应该享有这种权利。“女人不能担任地方治安官、牧师,不能分享胜利、官员的徽章、礼物和战利品,那么优雅和华丽的服饰就是女人的徽章,这些能使她们感到快乐与骄傲,我们的祖先称之为女人的世界。”这项法律最终被废除了,但是赞同废除的措辞同时也表现了男性对女性看法的局限性。

罗马执行着坚定的父权制度,总体上对待女性的态度比希腊化国家要强硬。回归罗马帝国早期阶段对家庭的重视再次重申了男性权威,比如在通奸问题上。之后罗马文学开始模仿希腊文学的主题谴责强势的女性。事实上,同希腊一样,罗马主导女性待遇的关键问题是政治权利,这至少在上层社会和法律中体现出来。不同文化间的接触在这方面仅产生了有限或短暂的影响。此外,也不存在另外一套关于男女性别标准的清晰体系。甚至在希腊化时期,尽管此时期比古典希腊时期允许有更广泛的性别接触,却还未形成独具特色或是足够有影响力的模式来重塑罗马的父权制度。

地中海各区域之间的接触对男子气概本身也产生了影响。很多罗马传统主义者担心希腊的影响可能会颠覆男性的攻击性等男性美德。希腊文化强调艺术和学识,这有点儿阴柔。但是毫无疑问,希腊的同性恋风俗传到了罗马,虽然这种行为在传统主义批评者的强烈反对声中并没有得到罗马人的广泛践行。

地中海和中东的古典主义时期为西亚、南欧和北非的民族制造了大量的文化接触。关于男女关系方面的结果并非总有记载。似乎一些接触实际上鲜有影响:接触的各方或对自己的价值观很自信,或认为其他价值观陌生而古怪,结果各方仍保留着原来的法律体系和性别形象。其他一些接触的确在一定程度上影响了某些性别模式,尤其在公元前 3 世纪和前 2 世纪希腊化王国盛行之时。罗马也在某种程度上参与了这种交流,但是最终还是退回到对女性顺从的重新强调。地中海历史上这段时期的例子比较复杂,但大都表明了此时各民族即使处于多样性文化中,他们关于性别关系和角色的观念大多形成了免疫性。

延伸阅读

34

萨拉·波默罗伊（Sarah Pomeroy）所著的两本书提供了重要观点：*Goddesses, Whores, Wives, and Slaves: Women in Classical Antiquity*（New York: Schocken Books, 1975; with new preface, 1995; London: Pimlico, 1994）; *Women in Hellenistic Egypt: From Alexander to Cleopatra*（New York: Schocken Books, 1984）。参见：Mary Lefkowitz and Maureen Fant（eds）, *Women in Greece and Rome*（Toronto: SamuelStevens, 1977）; Roger Just, *Women in Athenian Law and Life*（London/New York: Routledge, 1989）。

希罗多德《历史》（*The Histories*）一个易读的版本，由罗宾·沃特菲尔德翻译，卡洛琳·德尔瓦德作序和注释（Oxford/New York: Oxford University Press, 1998）。参见：Thomas Hubbard, *Homosexuality in Greece and Rome: A Sourcebook*（Berkeley Calif.: University of California Press, 2003）; Friedrich Solmsen, *Isis among the Greeks and Romans*（Cambridge, Mass.: Harvard University Press, 1979）。

第三章

佛教与中国女性

35 从古典时期末到公元9世纪，佛教传播到了中国，形成了两种性别体系间第一次复杂的接触，关于这方面有充分的历史记录。这个例子很有趣，因为佛教和中国关于女性的观念虽然并非完全对立，例如两个体系都认为女性居于弱势地位，但两者明显不同。确实，佛教对女性的描写稍做了调整，仅仅是为了迎合中国人的观念，但是佛教的确产生了影响。与早期希腊人和印度人之间的接触不同，佛教向中国的传播带来了大量的向这种异国宗教的皈依，接着也不可避免地对性别观念产生了影响。然而，从长远来看，这种影响也没有过多地改变中国严格的父权体系，因此从这个意义上说，此时的接触仍处在一种萌芽的阶段。然而，几个世纪以来的交流的确也影响了很多女性个体的生活。佛教中的一些调整是复杂文化交流融合特征的一个明显的例子——这种影响使得中国佛教故事在文化相互交融中，成为独特而有趣的性别关系的例子。

这个故事明显不同于前一章所讨论的地中海和中东地区多种文化的影响。一方面，记录更加清楚：中国观察者，包括女性本身，更加关注佛教对女性生活方式的影响。此外，与希腊化时代的文化相比，佛教是一种更加系统的精神文化，本章的讨论很有可能会比第二章所探讨的分散的文化潮流更有意义。换句话说，前后的差异是确实存在的，而不仅仅是现有证据的问题。最后要指出的，相似之处仍然存在：要改变稳固的父权体系，即使佛教的能力也是有限的，也可能有其他因素超越了佛教的影响。

在中国，异常严格的父权体系很早就已经建立完善，这在第一章讨论过，它要求女性的顺从卑屈。妻子不仅要服从丈夫，还要服从丈夫的父母。如果她们不顺从，或生不了孩子（尤其看重儿子），甚至是话太多都会被丈 36 夫休掉。很多上流阶层的男性会娶多个妻子或纳多个妾，行为规范要求女性不应该怀有嫉妒心。女性的责任主要是在家庭内部——织布和家务劳动。这种理想的两性关系体系与儒家思想倡导的等级制度和尊卑职责紧密相关。

统一的严格标准不应该被夸大。中国这种体系主要充分体现在上流社会家庭中，这些家庭不需要女性从事生产劳动（甚至在这里也强调和推崇女性的持家职责）。个别女性由于性格使然，可能会比理想标准更严格地要求自己；甚至有更多的女性通过对丈夫，尤其儿子施加影响而获得实权。男性不应虐待女性，因为儒家思想也把责任加于尊贵的一方——虽然实际情况中这种限制并非总是行之有效。总之，尊卑有别的模式贯穿于中国文化和家庭的许多方面。

佛教向世界展现了一套全然不同且复杂的理念。佛教起源于公元前6世纪（释迦牟尼，公元前563—前483年）的印度，部分原因是对后来称为印度教的宗教体系的反叛而产生。对印度教强调不平等性的厌恶是佛教产生的一个关键动机；虽然佛教的产生针对的是种姓制度，它也对性别关系产生了影响。佛教的观点认为，每个人无论社会地位如何，其本质都是神圣的，这表明了终极的精神平等。

像其他主要宗教一样，佛教在对待女性的问题上也相当矛盾，这反映出它在父权制度框架内运作的局限性。女性被刻画为邪恶的，主要是由于她们拥有勾引男人的潜质，会用淫欲引诱男人脱离正轨。一则佛教故事讲述了一个邪恶之神派三个女人（爱欲、乐欲和贪欲）诱惑释迦牟尼。它总结道：

> 女人能毁灭
> 贞洁的训诫。
> 她们忽视

荣誉和美德。

会把一个人引入地狱
她们阻止天堂中的重生。
为什么聪明的人
会因他们而欣喜?

但是女性也可以是神圣的,这与印度教主张转世为男人是女人精神
37 进化的重要条件不同(虽然佛教也保留着这一信念的成分)。一条佛经,或者说是圣文,把女性描述为阿难陀,“印度恒河女神”,“富有知识和技能”。之后,释迦牟尼把她的性别由女性变为男性,允许她实现“至高完美的觉悟”。另一条佛经,实际上是中国佛教徒写的,但是描述的是一个印度女人,讲述一个国王的女儿同其他女人一起,思索佛的意义,最终直接成佛。这里所指的成佛“既不是男性也不是女性”,因为它不涉及人类的身体。公主聪慧地表达她对佛教美德的忠诚,她智慧的话语引导了众多佛教圣人(叫做“菩萨”)。作为报答,释迦牟尼答应让她成佛:“她的佛陀世界将被称为‘光明’。”

许多女菩萨被当作神圣和救助尘世的偶像而被崇拜。到公元5世纪,菩萨的雕像在印度非常普遍,迫切想要了解佛教的中国朝圣者们注意到了这一现象。(一些女性也会被描绘成男性,反映了佛教信仰中的这种尴尬关系。)神圣的女性可能被拥护为保护神,不仅在女性活动方面——比如想要孩子的愿望,也可以在男性领域——比如航海。更为实际的是,佛教派别通常会为女性修建庵堂,类似于为圣洁的男性修建的寺院,生活内容可能完全是祈祷和沉思。

显然,原则上佛教和中国父权制度之间的接触可能产生了一些有趣的冲突,然而男尊女卑的共同信仰起到了缓和作用。佛教可能会通过强调女性的精神潜质和向神圣的涅槃状态终极进化的能力,从而质疑儒家思想所主张的系统化的男权统治地位。佛教也可能认同中国观念,认为婚姻和承担家庭责任对女性来说是合适的,只要能过独立、神圣的生活。佛教

认为占统治地位的儒家世界观存在很多问题,这对性别的影响尤其突出。如果这两种体系相互作用会发生什么情况?

这种相互作用大约始于公元 4 世纪左右。起源于印度,佛教同时也是一个宽容的宗教,能与各种文化背景共存,并且支持传教信仰。几个印度统治者把佛教传播到了其他地区,最主要的目的地是斯里兰卡和东南亚这两个印度主要的贸易地区。佛教与中国的接触断断续续地进行,主要通过中亚游牧商人的皈依,那里靠近中国北部和西部边境。到了 4 世纪,在佛教圣人施展神迹的众多传说的推动之下,在中国北部某个地区据说有 10 000 名信徒。到此时,不仅是在印度做贸易的中国商人,连佛教皈依者都要前往印度了解这一信仰。

佛教在中国遭遇到了儒家学者们的强烈反对,他们不喜欢这种怪诞奇说,担心佛教思想缺少对政治的热情而冒犯国家权威,他们反对寺庙活 38
动,认为会在经济上造成白白浪费。他们憎恶这些外来的、“野蛮”的思想,也担忧佛教因反对包括性欲在内的尘世欢乐会扰乱家庭生活。然而,佛教还是在发展,到 5 世纪早期,佛教在中国南部赢得了很多皈依者,其中包括上流社会人士。佛教的发展与汉朝的覆灭和中国随之而来的政治混战同步(公元 3 世纪到 6 世纪之间)。在这种强调国家和政治秩序的文化中,政治的不稳定为寻找宗教出路创造了契机。皈依佛教、翻译佛经、中国艺术中佛教主题和风格的使用、中国佛经的产生、佛教寺院和庵堂的修建,这一切都在快速发展,尤其从 6 世纪开始。大约 8% 的唐代诗歌具有鲜明的佛教主题。具有讽刺意味的是,当中国帝制在 6 世纪末重新确立时,尤其是唐代初期,政府通常会接纳佛教,希望从这种在民众中受欢迎的宗教中获益。很多人把佛教和道教(中国早期的宗教,在追求精神统一与佛教并无不同,但较少涉及性别问题)甚至儒家思想融合在一起。

虽然佛教一度曾与中国政治相联系,但它对于中国不同社会阶层人士的吸引力在于其精神力量、对祈祷的鼓励和对最终进化到与神圣本质统一的承诺。中国本土佛教鼓励关注神圣人物,这主要是为了激励普通人进步。许多中国人为佛教的发展做出了贡献——从募资建寺院到撰写或者资助撰写佛经——各类佛经告诉人们如何应对生活中的困难、感恩、从疾病中恢复健康，或者祈求美好的未来。很多贵族或者上层阶级的人也进入寺院。中国佛教领袖一直为传教做出努力，甚至使当时侵袭那个地区的一些游牧部落也皈依了。几个世纪以来佛教完全成为中国的产物——是自其产生至今中国所接受的唯一重要的文化借鉴产物。

这是各自具有完善信仰体系的两种主要文明之间文化接触的一个重要案例。这对中国父权体系会产生何种影响？

两者的接触产生了这样一些联系。首先，同时也理所当然的是，涉及女性的佛教教义和用词的调整，以减少对儒家文化的冲击、降低儒家抵制的可能性。结果是一种混合或融合的性别体系。印度佛经中冒犯儒家道德观念的段落被删掉了。在印度表示对菩萨爱和尊敬的一些体态词语如
39 “亲吻”和“拥抱”等也废弃不用了。佛教给予女性和母亲较高地位这一点在佛经翻译的过程中也有所改动。比如，“丈夫供养妻子”这一教条变成“丈夫掌控妻子”，而“妻子安抚丈夫”变为“妻子敬畏丈夫”。很多中国人也从佛教的基本信仰中获得了实际利益：女菩萨据说有能力满足任何向其祈求送子的女性的愿望，这类祈祷很常见。佛教在这里顺应了儒家式的家庭观念。

然而，融合式的顺应不能掩盖佛教中女性本身是圣洁的这一事实，这表示她们在地位和精神作用上与儒家标准完全不同。中国佛教确实也颂扬圣洁的女性，在这一方面为佛教文献做出了巨大贡献。中国艺术同样经常描绘圣洁的女性人物形象。最初，一些女性圣人被刻画为男性形象，画像上带有胡须，但是到 7 世纪唐代早期，女性形象出现了，以身材纤细、身着白衣为特点。到 828 年，每一座中国寺院（总共 44 000 座）都有了广为人知的女菩萨——观音的雕像。观音能够祛除任何人的哀痛，只要祈求她的名（或者有时也是“他的”，因为性别指称还不稳定）。

如果女性也可以是神圣的，那么会如何影响中国的家庭关系？总体上，从个人角度来说影响很大，从社会结构角度来说影响很小。中国式家庭规范并没有改变，没有变得更类似于印度；在印度，女性的性感和聪慧会受到更多的尊重。如此说来，这一文化接触的影响是很有限的。

然而，很多女性发现佛教成为她们生活中的重要内容，这无疑使儒家

思想对女性弱势地位和顺从的强调更易被接受。有机会同男性一样寻求救赎这一点给女性带来了重要的心理平衡，这虽不改变表面上的家庭关系，然而对现世不满意的女性可以在来世追求幸福。

佛教为一些女性提供了家庭之外的活动机会。女性可以结伴去寺庙。在某一寺庙，女性团体每月在这里聚会学习佛经。一些女性成为这些团体的领袖，或者担当圣职；11 世纪有一位蔡（Ts'ai）姓女子不愿出嫁，遂赢来了一群来自社会各个阶层的信其为圣的追随者。

根据一些传记（当然主要记录上层阶级）的描写，更常见的是信佛的女性在家里用佛教开启自己的深层内在。她们祈祷、诵经，偶尔也斋戒以表虔诚。11 世纪，一位潘（Pien）姓女子，每日烧香念诵佛经。很多人也把佛像供奉在家里。男人通常支持妻子的虔诚，尤其是当他们继续祭拜祖先 40
这种家庭仪式时（佛教仪式在这里很适合）。很多人认为虔诚会有助于家庭，比如祈祷使病人恢复了健康，或者会使妻子更加恭顺。传记作家这样记载一位佛教徒妻子："危机时刻她能够冷静、泰然，其心不为外界事物干扰。"一些夫妻共同拜佛，但通常丈夫远没有妻子那样虔诚。一些儒家思想者会试图劝说妻子减少对信佛的热情，但是通常也会接受——正是因为佛教在既定角色和价值观方面没有动摇家庭根基。很多女性在生育之后归向宗教，甚至是佛教"摆脱尘世欲望"的劝诫也无关紧要。（丈夫们甚至赞同其所带来的有利结果，因为可以节省家庭食物开销。）信佛也有助于年纪大的母亲们，避免她们卷入家庭事务。一位传记作家如此评论一位对佛教书籍兴趣极大的寡妇："她把家庭事务交托子女，自己不用操心，平静地生活。"

女性出家为尼的情况更为复杂，因为这是家庭生活之外的另一种选择。有一则故事讲述了一个女人脾气暴躁、无法与人相处，做妻子失败，最后出了家；但是记述者清楚写到，她意识到出家是地位的极大下降，不宜为年轻人所效法。很多富裕家庭的女性在丈夫死后出家，这种方式使佛教与之前信奉的儒家思想宣扬家庭价值观相吻合。但是一些女性坚持出家而不结婚，这可能更麻烦。女儿和父母产生冲突，父母急切做媒，最后女儿还犯下了对父亲的不忠之过。一个坚持己见的女性说道："为什么在被当作独立女性之前，我必须三从（对父亲、丈夫和儿子）？”这是一种直白的非儒家观念。但是出家也得到了一些父亲的认可，他们认为有一个出家的女儿“将会为家庭赢得荣耀，带来福泽和荣誉”。这种安排在父母本身是佛教徒的上流社会，以及皇家支持佛教的时期较可能出现。也可能存在其他一些安排：有故事讲述一女因斋戒濒死而出名；另一故事讲述一位女性祈祷婚礼不要发生，结果被一个佛的形象告知她的新郎不久后就会死去，“只要你继续进行肯切的祈祷”——的确，第二天男人被公牛抵伤而亡，女人自由地出家了。大胆拒绝婚姻的女性可能鼓舞了数百名女性加入她们。

出家生活的这种独立性可能会延伸到政治上。一些重大的政治决定
41 会咨询某些出家女性的意见，她们的圣洁赋予了她们权威；某人曾经描述：“因此（比丘尼的）权力会对整个朝廷施以影响，她们的权威延伸到了佛教范围内外。”在严格的父权制度下的唯一一位中国女皇帝——武则天称，她应该当政，因为她是从前佛所允诺精神重生的“圣母”的化身。受到佛教僧人的支持，她于683年夺取了政权，她在佛教这里找到了驳斥儒家传统权威的力量。她掌权超过25年，年迈时才逊位。

女性获得政治权利，违背家庭愿望的无婚生活，这些都反映了佛教对中国性别传统观念的潜在影响。但是，尽管这些在个人生活和一段王朝历史上很重要，但并未撼动两性关系的基本结构。实际上，让强势的女性自行其是而不挑战婚姻制度，甚至可能会提供一个安全的出路。这有利于佛教更普遍的影响，使女性调整在家庭中的角色，变得比受佛教启示之前更加平静和顺服。约束女性的儒家传统，加上关注来世的佛教精神，使得这种情况越来越普遍。变化在发生，许许多多的人受到了影响，但是根本制度没有改变。缠足的传统产生于这个时期——女孩的脚趾骨被折断，只能轻缓行走，被当作美的象征，但是这明显进一步地表明女性仅具有装饰性——这一事实证实了佛教影响的局限性。对于广大中国女性来说，佛教也无法减缓农业文明进一步恶化的标准趋势。

9世纪，唐朝反对佛教，袭击寺院，迫害宗教领袖。佛教虽没有消亡，但其影响未能再恢复。佛教元素在中国思想和艺术中虽保留下来，但是那些佛教可能会颠覆性别标准的方面已不为人所见。庵堂的数量减少，降低

了女性出家的可能性。女性仍可以在家里继续敬拜，如上述一些例子所表明的那样，但是与佛教更多接触的可能性减少了。

对佛教的攻击反映出统治阶级对佛教未能首先忠于政治权威的忧虑。儒家思想又回归到了绝对的主导地位。女性问题虽不是攻击的重点，更主要的担忧是佛教思想缺乏对家庭的重视。其结果必然限制了佛教对中国性别关系的影响。

佛教与中国的交流颇具特色——所有接触的例子都具有独有的特征，但是其间的关系也非常微妙。变化确有发生，一直到 19 世纪末，佛教都要比任何其他外部力量更多地引起了中国性别状况的变化。但是，改变 42
虽然真实发生了，却没有重新定义性别体系，这种改变在很长时期内能影响很多人，但不会成为未来的新浪潮。对已发生的和即将发生更多改变的可能性的衡量，对没有产生更为彻底的影响的分析，显然可以促进历史研究。

延伸阅读

经典研究，见：Arthur Wright, *Buddhism in Chinese History*（Stanford, Calif./London: Stanford University Press/Oxford University Press, 1959）；参见：Wright, ed. Robert Somers, *Studies in Chinese Buddhism*（New Haven, Conn.: Yale University Press, 1990）。参见：Kenneth Ch'en, *The Chinese Transformation of Buddhism*（Princeton, NJ: Princeton University Press, 1973）。一本重要的资料来源：Shih Pao-ch'ang（ed.）, *Lives of the Nuns: Biographies of ChineseBuddhist Nuns*, trans. Kathryn Tsai（Honolulu: University of Hawaii Press, 1994）。

关于女性，见：Diana Paul, *Women in Buddhism. lmages of the Feminine in Mahayana Tradition,* 2nd edn（Berkeley, Calif.: University of California Press, 1979）；Patricia Ebrey, *The Inner Quarters. Marriage and the Lives of Chinese Women in the Sung Period*（Berkeley, Calif.: University of California Press, 1993）。

第四章

中心区域以外的伊斯兰教标准：印度与撒哈拉以南非洲的变化与连续性

43 伊斯兰教起源于大约公元610年的阿拉伯半岛，它的扩张是世界历史上一个重要的文化接触案例；其影响甚至超过了佛教传播带来的影响，影响范围之大史无前例。伊斯兰教的特点主要是关注帮助个体通往天堂的方法，尤其强调要忠诚于真主安拉。由于最初阿拉伯成功的军事征服、公开的传教活动和国际贸易的扩大，伊斯兰教得以传播。在几个世纪里，伊斯兰教不仅传入了中东、北非，也传到了南欧、印度、撒哈拉以南的非洲、中亚和东南亚。

伊斯兰教关于男女职责有明确的观念。同很多宗教，比如佛教一样，这些观念非常复杂，甚至可以说是矛盾的。此外，中东的伊斯兰教徒也沿袭一些古老的性别习俗，比如女性用面纱遮面，这本不是伊斯兰教的要求，但后来看起来好像如此——这实际上是中东内部融合的一个例子，下文我们将会讨论。这种复杂性不可避免地影响了伊斯兰教在大本营之外对于性别习俗的影响，尤其是在伊斯兰教为少数人所信仰的地区。

本章着眼于受伊斯兰教影响的两个重要个案：印度和撒哈拉以南的非洲。这两种情况的讨论没有全部提到伊斯兰教和其所覆盖的中东地区的观念；因为其早期文化仍产生影响。这引起了伊斯兰旅行者们的批判，他们认为非洲地区的女性角色多不适宜。但是，之后，伊斯兰教的影响带来了一些变化，导致女性处境恶化，有时甚至比在中东地区更为明显。

把伊斯兰教传到中东的先知穆罕默德认为，相对更为传统的阿拉伯父权形式而言，他一直都在改善女性的境况。他的例子很突出，但是伊斯兰教也在很多方面认可父权制度关系，并且传达了一些混合的信息，例如融合了女性需以面纱遮面和隔离的习俗。其他一些民族虽然接受伊斯兰教，但一直倾向于本国的性别传统；这是一些阿拉伯旅行者记录过和反感 44
的地方。然而，伊斯兰教融合了不同地区的父权体系和固定的性别关系，许多影响一直持续至今。

伊斯兰教的男性和女性

《古兰经》和伊斯兰教的其他主要典籍记录了和女性有关的两项重大原则。首先，女性拥有灵魂，基本上与男性精神平等；她们可以去往天堂。精神平等也允许一些女性积极参加伊斯兰教仪式，比如麦加的朝圣之行，在那里她们能享有比身处欧洲参与虔诚之行的基督徒姐妹更大的活动范围。第二，在伊斯兰教这个重视法律的宗教中，女性拥有一些明确的权利。女性能拥有财产，她们有权利支配自己带入婚姻的财产。她们可以离婚。穆罕默德也攻击其他可憎的不平等现象，如杀女婴习俗。

许多评论者们称伊斯兰教比其他任何主要宗教给女性赋予了更多的权利和保护。离婚和财产权得到清楚地界定，麦加的朝圣之行给了许多女性独立旅行的机会。伊斯兰教的这些方面及其所引起的争论，至今在世界上仍具有重要意义。

同时，伊斯兰教主张明确的父权制度结构。《古兰经》记载："男子是妇女的保护者（和供养者），因为安拉已经使他们当中的一方比另一方优越（力量上）。"女性不能和男性一起做礼拜，而要分开。男性的家庭权利优于女性。男性离婚更容易。男性性犯罪的惩罚通常比女性要轻。如果男性养得起，他们可以娶三个妻子；但是女性不可能拥有同样的权利。男性拥有女性所没有的社会职责；记录早期穆斯林传统和法令的穆罕默德圣训中写道："成为卡迪（伊斯兰法官）的先决条件是他必须是个男人……至于女人，她们不适合权力地位。"妻子们需宣誓"服侍丈夫，照顾孩子，操持家务”。如有必要，男人可以使用暴力来约束妻子的行为。另外，甚至精神平等也打了折扣，伊斯兰教深信女性生来比男性更加罪恶。利用圣经中“第一罪人”夏娃的故事，伊斯兰教义认为地狱中大多是女性。另一条出自穆罕默德的圣训说：“我向地狱望了一眼，看见那里大多数成员都是女人。”伊斯兰典籍要求男人善待女性，不使用暴力，但是这些也只是为了缓解深刻的不平等现象而提出的中肯劝诫。

显然，伊斯兰教中涉及性别问题的观念多有分歧。甚至今天，女权主义者还在驳斥伊斯兰教，一些人坚持女性解放的西方标准，要求伊斯兰教必须改变，然而其他人认为传统教条充分保护了女性权利。争论的焦点不一样。

45 阿拉伯对中东既有习惯的适应增加了伊斯兰教复杂性。以纱遮面很早就在中东传播开来，包括东罗马帝国和波斯，它是一种上流社会身份的象征。它强调对女性的隔离，女人为父亲和丈夫所有。遮住嘴巴和鼻子，身体完全被袍子覆盖，表明体面女性在性上是不可侵犯的。这个习惯没有传播到农村女性身上，因为她们像大多数农业社会的女性一样要从事繁重的体力劳动。阿拉伯穆斯林渐渐承袭了他们所征服民族的以纱遮面的习俗；这个习俗似乎有点儿复杂，它适合父权社会，可以抵消伊斯兰教赋予女性的一些优势。如同农业文明中所经常发生的那样，融合总是在强调女性不一样的方面，只是不同文化发展出了不同的卑微性。遮面习俗传播如此广泛以至于大多数人，包括穆斯林和非穆斯林，今天都认为这是《古兰经》要求的，但实际上并非如此。《古兰经》要求女人遮盖胸部和珠宝首饰，先知穆罕默德的妻子们用斗篷紧紧地裹住身体以免在公开场合受到骚扰，但并没有提到遮面。实际上，穆斯林是逐渐采用遮面习俗的——直到16世纪，它才在中东和北非的城市地区传播开来。然而，在《古兰经》和穆罕默德圣训之外，伊斯兰的上流社会家庭强调对女性的隔离，要求女性留在家中以尽可能地减少她们的社交活动，作为控制她们性行为的一种方式。正因为女人婚后拥有财产所有权，男人控制女人的交往就很必要，这是伊斯兰教赋予女性权利所造成的讽刺结果。隔离也源于穆斯林对女性同男性一样拥有性享受的权利的强调，这种观点与基督教所强调的女性被动地位大不相同，又一次在实践上产生了复杂结果。遮面和隔离之类习俗的发展，虽然与伊斯兰教本身关系甚微，但在伊斯兰教开始扩展到其他地区时却被看作伊斯兰文化体系的一部分。

伊斯兰教的传播

穆罕默德生于约公元570年，起初在阿拉伯传教，阿拉伯民族向伊斯兰教的皈依成为这个游牧民族征服中东和北非使命的部分内容。罗马帝国的覆灭在地中海东南部留下了混乱的城邦和五花八门的宗教，这时正是需要具有活力的新的宗教信仰的时候，也是巩固阿拉伯政治军事管理的良好时机。阿拉伯军队很快遍布包括波斯在内的中东大部分地区。阿拉伯曾一度只向本民族传播伊斯兰教，但是其他民族也寻求皈依，一些民族还在此过程采用了阿拉伯语言和文化。

由于中东是亚、非、欧贸易往来的中心，阿拉伯的军事力量得以加强， 46
同时伊斯兰教内部的改革促进了公开的传教活动。约公元900年前后，一项名为“苏菲主义”的运动开始了，它提倡精神纯净和虔诚之心。苏菲主义领导人的热情和神圣奉献有助于伊斯兰教真理深入人心。

推进伊斯兰教传播的各种因素也无悬念可言；世界上所有宗教的传播都凭借各种各样的方式或动机。然而，伊斯兰教的传播途径大致可分为两种情形，即通过军事侵略，以及通过商人和传教士的活动。

印度当时为印度教所主导，直到古典时期末，印度教的影响都要胜过佛教。伊斯兰教和印度教在很多方面都有所不同。伊斯兰教坚持唯一的神，而印度教信仰神圣秩序和多神灵。伊斯兰教更加强调精神平等，反对等级制度（但是承认世界上的不平等现象）。大多数印度教信徒选择忽略伊斯兰教，尽管也有所包容，但是通过贸易接触和阿拉伯的军事侵略，伊斯兰教的确渗入到了印度。即使没有皈依，两者之间也有相互的文化交流。穆斯林学习印度的科学和数学，包括传入中东的计数系统（欧洲人由此接触到它，故称其为“阿拉伯的”）。到11世纪，穆斯林在印度的征服范围越来越广（皈依的突厥人起了带头作用），导致了像德里苏丹国这样由穆斯林执政的国家的产生和对印度教寺院的攻击。苏菲传教者蜂拥而至，导致了大范围的对伊斯兰教的皈依，尤其在西北部。印度教领导者以强调受欢迎的宗教观念和礼仪来应对，也尝试融合两种宗教（比如，保留印度教但是宣布放弃种姓制度，试图避免下层阶级受伊斯兰教平等主义的吸引）。大约公元1500年，另外一股更强大的“伊斯兰浪潮”伴随着莫卧儿侵略者的征服而到来，一个由穆斯林执政的帝国建立起来并兴盛了两个世纪。早期的莫卧儿统治者对印度教是包容的，但是后来的皇帝们抨击印度教信仰，在执政中倾向于穆斯林。历经多个世纪的各种接触，大部分印度人仍信仰印度教。接触范围相当广泛，甚至对大多数人来说，也不可避免地涉及性别问题。

伊斯兰教通过两种方式传播到撒哈拉以南的非洲，虽然后古典主义时期仅有少部分非洲人皈依。在西非，交流主要集中在日益强大的苏丹王国，开始于加纳。与北非穆斯林的贸易往来在撒哈拉地区展开，为加纳提供了税收和马匹等商品。加纳国王雇用阿拉伯穆斯林做书记官，利用他们写文章和为官的经验。交流也促发了来自北部的军事袭击。大约公元1200年，马里王国夺取了加纳，使交流正常化。马里统治者更多地任命
47 穆斯林官员，自己也皈依伊斯兰教作为友好象征。国王曼萨·穆萨于公元1334—1335年前往麦加进行了一次著名的朝圣之旅，其黄金财富之多令阿拉伯人目眩神迷。苏非传教者遍布非洲，但此时还未做出什么努力令普通百姓皈依。甚至皈依了的非洲人仍保留了他们之前的许多传统，比如相信君权神授，排斥穆斯林非人道的惩罚，比如剁掉窃贼的双手。伊斯兰教的第二条传播路线沿着非洲东海岸南下，由印度洋的阿拉伯商人推动。自埃及开始，商人和传教士一路南下，到了现在叫苏丹的国家。继续往南，阿拉伯—非洲城市在沿岸形成，融合了阿拉伯和非洲语言，自然也促进了伊斯兰教的传播。很多商人与上流阶层的非洲女性通婚。皈依伊斯兰教是自愿行为，但是伊斯兰教代表了商业的成功和较高的社会地位，于是在印度洋海岸传播得很快。最后，从18世纪晚期开始，通过进一步的传教活动和彻底的宗教战争，伊斯兰教开始传播到更广泛的民众，这一过程一直持续到今天。撒哈拉以南的非洲人口中现在大约40%是穆斯林，尤其集中在撒哈拉以南、整个西非和中非，以及东非。

有两点值得我们注意。第一，大量的接触和皈依影响了印度和撒哈拉以南的非洲，不可避免地引起了相关地区内不管是穆斯林还是非穆斯林对于男女角色和习俗的重新考虑。第二，相互影响一直延续到今天。随着伊斯兰教的深入，对于性别问题的早期影响可能会发生改变。一开始对各自性别传统的坚持通常会在长期接触中发生改变。长远来看，与伊斯兰教接触所产生的影响巨大，甚至改变了没有正式皈依的人们的性别习惯。

印度个案

早期印度的穆斯林仅在文化上产生了一些轻微影响，因为侵入者停留的时间不长，没有留下印记。有一些言论指出印度教抵制伊斯兰教的部分原因是伊斯兰教过分强调对女性的隔离，这与印度传统相悖，但是终究有许多抵制外来宗教的动机。一些对伊斯兰教有所了解的人，可能会挣扎于这种宗教对下层阶级的吸引力——即处在承诺完全的精神平等与对男女间越来越大的距离的担忧之间。

然而关于女性角色的主要冲突的因素是存在的。中东对女性遮面和隔离的要求会不会胜过印度所强调的情感和感官愉悦？哪一种保护女性的方法更受欢迎，是伊斯兰教对法律的注重（这为印度教所忽略），还是印度教对丈夫和父亲权利的强调，或者所呼吁的情感依附和欣赏？ 48

两种复杂文化体系中，什么成分会更加突出？是伊斯兰教会被视为女性精神地位和权利（比如财产）的拥护者呢？还是女性地位低微的明显标志是这一性别体系的核心？在印度教中亲情如何与如下习俗相平衡，例如包办婚姻、给丈夫嫁妆，甚至是寡妇成为丈夫葬礼上的牺牲品（殉夫的习俗，在后古典时期的印度广为流传）？

最后，交互作用很复杂，由于两个文化体系都是父权制度，所以彼此可以轻易地借用另一方习俗中的具体元素而不需要太大的改变。皈依伊斯兰教的印度教徒可能会认为他们对待女性的方式无需改变，尽管原则上两种体系存在着巨大的差异。

那么实际情况是怎样的呢？印度的穆斯林，包括皈依者，从来没有采用过印度教像殉夫之类的习俗。殉夫的习俗基于寡妇在丈夫死后失去生活意义的观念，这与伊斯兰教义中对个体灵魂的强调和对自杀的敌视背道而驰。总之，这种习俗没有在印度普遍流传，尤其在伊斯兰教盛行的地区。16世纪的莫卧儿皇帝为取缔这项习俗采取了一些措施，但并没有收到多少成效。

同样，印度教徒也没有广泛采用在中东城市流行的女性服饰。她们没有采纳遮面的习惯，而保留了对色彩艳丽的服饰的偏爱。伊斯兰教中女人拥有财产权的观念也没有影响印度传统，但是确实影响了伊斯兰教皈依者，因为印度穆斯林关于伊斯兰教法律的汇编非常忠实地记录了穆罕默德圣训中的条例。

换句话说，虽然有广泛的文化接触，一些更为极端的表现女性弱势的习俗并没有跨越文化界线，各自文化中保护女性的某些措施也没有为另一种文化所采纳。

但是随着时间的流逝也出现了一些习俗混合的现象——这是融合的迹象。穆斯林，包括皈依者和从中东过来的，经常遵循印度教的婚姻习俗。因此女人在分娩第一胎时通常会回到娘家——这是印度教的一个习俗——印度教还有其他一些关于婚姻和分娩的习俗。同时，皈依者通常保留印度教的一些习惯做法，包括女方的父母给新婚丈夫嫁妆的习俗。伊斯兰的财产法保留了妻子对嫁妆的所有权，但是印度教传统把嫁妆所有权直接给予了丈夫。在这里，文化观念上的直接冲突在实践中被取消了，是从对女性不利的方面出发。甚至在今天，印度次大陆上的穆斯林男子也像他们极端的印度教同胞一样强烈地捍卫嫁妆权。最后，个别莫卧儿统治者沿
49 袭了印度王子的某些传统，可以娶多个妻子，这再次违背了伊斯兰教戒律。同样，在涉及私密习俗和扩大男性优势方面，也有一些相互的文化借鉴。

然而，相互接触最大的影响是印度教上流阶层女性深闺习俗的传播。深闺习俗是对女性在家中极大程度的隔离，女性需要待在单独房间的屏风或者帷幕后面，以便与男性社会分离开。到伊斯兰教在印度赢得重要影响之时，女性遮面和在闺中隔离的观念正在中东迅速传播，如同阿拉伯人适应他们在希腊人和波斯人那里发现的习俗一样。这不是印度风俗，在印

度，女性可以自由出入。印度人，包括伊斯兰教皈依者，长期回避这些习俗。阿拉伯旅行者通常会吃惊地发现印度男性和女性一起工作，女性既不遮脸，甚至也不遮盖她们全身的任何部位。1415 年，一位前往孟加拉的中国使者称该地“男女（因时）勤于耕织”。直到 1595 年还有一位阿拉伯观察者评论道，女性能出现在政治领袖面前，“主要的公开交易落到很多女人身上”。换句话说，尽管在印度形成了伊斯兰社会，他们仍长期保留着印度关于公共角色和服饰方面的习俗，显然印度教的大多数人也是这样做的。

然而中东的文化特点非常突出。它与印度的多个统治者有关；它可能比本土文化更加复杂；它提升了父权制度本来已经根深蒂固的社会里男性的优势地位。因此，它渐渐地传播开来。印度的穆斯林开始戴面纱，虽然通常没有穿中东女性那样灰暗色调的服装。隔离的习俗还有待深入。到 16 世纪末，一个孟加拉伊斯兰教版的关于亚当和夏娃的故事描述了劳动分工：亚当耕种（“农业将会是你的命运”），夏娃学习做饭。但是至少有一个世纪的孟加拉文学作品更普遍地强调分担任务。约公元 1700 年时的一个故事讲述了一个穆斯林农妇和丈夫如何“在过去收割秋天的稻谷……然后我们坐下来剥掉稻壳……我们都坐在火旁取暖……结束了一天的工作回到家中时我们是多么高兴啊”。甚至到了此时，中东版的伊斯兰教还没有征服印度的劳动传统。但是征服过程一直持续着。到 19 世纪和 20 世纪，男人单独做农活，而女人负责收割后的劳作，像扬谷和筛糠，这些可以在自家的院子里做。

这种改变是文化力量胜过经济“合理性”的一个突出表现。借来的体系要付出更大的代价，因为它限制了女性对农业生产的贡献。但是，由于传入的伊斯兰教的光辉，已历经多个世纪，重新定义何为体面的行为就更加重要。

最后，深闺习俗在印度教的上流阶层和印度的穆斯林家庭广泛传开。 50
但变革的过程缓慢且曲折。普通的印度教农民没有接受隔离和劳动按性别分工的新要求。同样，印度南部的印度教，甚至是在上流阶层中，比伊斯兰风俗盛行的印度北部受到相对较小的伊斯兰教影响。但是，影响所及之处，改变却非常真实。深闺习俗极大地限制了印度教和穆斯林女性的政治和教育活动，影响持续至 20 世纪早期，尽管当时在印度民族主义的刺激下该习俗渐渐消亡。

印度个案中相互文化影响的发生需要一些时间，但却非常强有力，不仅从法律上影响了穆斯林家庭，还在社会风俗方面影响了一些印度家庭。撇开非正式的习俗不论，共同特点是都有选择性地借鉴一些习俗以强化男权。当两种文化在次大陆彼此广泛发生或可能发生了相互作用时，强调女性精神上和女性权利的文化要素（尤其是伊斯兰教中的）影响甚微。

撒哈拉以南的非洲

伊斯兰教在撒哈拉以南的非洲不仅传播缓慢而且是有选择性的，因此很多个世纪以来，它对于非洲性别习俗的影响都十分有限，这并不令人意外。东海岸阿拉伯人和非洲人混合的城市以讲融合的斯瓦西里语为主，这里的非洲女性通常享有较高的地位。在这些城镇，很多有影响力的女性和王后们在公共事务中扮演着重要角色。她们帮助照管家族中的重要事宜，参加类似新年庆典的公共庆祝活动，她们和丈夫一起到清真寺做礼拜。她们甚至被鼓励接受教育，学习伊斯兰教的经典。有一些证据表明某些管理权是由统治家族的女性成员继承的。在这种情况下，某些伊斯兰教习俗，比如女性财产权和继承权，甚至可能被扩大：有一份记录表明女性享有同男性平等的继承权，虽然伊斯兰教法律只赋予女性相当于男性 50% 的权利。

在西非，这里只有少数人皈依，非洲本身性别方面的习俗也要胜过伊斯兰教。穆斯林女性没有接受中东的服饰要求和隔离的戒规。

非洲社会的这一方面尤其震惊了伟大的穆斯林旅行家伊本·白图泰（1304—1369 年）。作为北非人，白图泰已经习惯了遮面和隔离，但是他在撒哈拉以南没有发现这些做法，即使是在那些其他方面表现都非常模范的伊斯兰社会。“那里的女人在丈夫面前并不谦卑，虽然她们虔诚祷告但
51 却不遮面……女人拥有男性朋友和同伴。”白图泰甚至称男人并不会感到嫉妒（“这些人的情况很奇怪，举止也怪异”）。白图泰称赞了一个非洲群落的宗教热情、严格守祷，以及坚持让孩子学习《古兰经》。但是“他们所行

恶劣的方面”是：“他们的女仆、女奴、年幼的女儿在人前赤身裸体，暴露私处。”甚至苏丹的女儿们也会不合时宜地暴露自己。

令白图泰更加震惊的是，一位去麦加朝圣的非洲“卡迪”（*qadi*）竟然兴致勃勃地要把他介绍给一位“女性同伴”。白图泰与他们两人不期而遇，想要离开，但是他俩却嘲笑他，而没有表现出他认为该有的谦卑。实际上，他真是不能理解去过中东并且知道应该怎样行事的非洲人对此竟然如此无动于衷。一个男人告诉他：“‘在我们国家女人陪同男人是尊贵体面的象征，是好的行为，对此没人怀疑。她们不像你们国家的女人。’我对此感到很吃惊。虽然他邀请我很多次，我都没有回应。”

西非尤其要依赖女性大量的劳动，包括去市场卖东西。穆斯林所坚持的隔离和繁琐累赘的衣服没有流行起来。当然，随着时间的推移，有了更多的顺应，尤其是在靠近北非的地区，比如现代的苏丹。然而，总的来说，在这一方面，中东伊斯兰教的习俗和非洲伊斯兰教没有融合在一起。

这种模式产生了一些不利之处。阿拉伯穆斯林从非洲买来了很多奴隶，非洲女性在经济上的多面性以及服饰风格使她们颇具吸引力。甚至撇开性的方面，不遮面的女奴能够从事市场活动，这些活动是体面的穆斯林自由人所回避的。在中东，很多被奴役的非洲女人成为男人的妾。大约1500年，埃及讽刺作家伊本·艾尔·马祖班嘲笑了阿拉伯对“深色皮肤民族”的偏好。在非洲，尤其是东非，早期的女性地位模式随时间的推移而逐渐消亡；1600年后，关于女性在城市公共生活中起重要作用的记录也逐渐减少。

接触的另外一个结果也产生了广泛影响。在非洲东北部（从埃及南部到今天的肯尼亚），在伊斯兰教之前这里就有女性割礼的习俗，这种习俗是将女性的阴唇和阴蒂切掉或者缝起来以阻止产生性快感，因此大概也可以增强女性的忠诚度。这个习俗被视为是对一些以男性为主导的家庭必要的尊重。这不是穆斯林的创新，实际上它并未在这个地区之外传播开来。事实上，伊斯兰教反对这一习俗，因为它并不符合伊斯兰典籍关于女 52
性权利和性事的观念。但是在非洲这一地区，这项习俗随伊斯兰教一起传播。伊斯兰教关于女性弱势地位和禁锢的观念似乎支持不同观念的混合。

伊斯兰教在非洲显然产生了不同的结果。在非洲人为女人争取更多独立权的压力下，产生了不同版本的伊斯兰教；这些版本对阿拉伯思想没有造成直接影响——因此才会有受到震惊的旅行者——虽然实际情况比较复杂。如同在印度的情况，时间的推移加强了中东模式在非洲的影响，虽然这种影响从来没有达到普遍实行女性隔离或深闺习俗的程度。在一个地区，另一种融合还扩大了先前父权传统中意在限制女人性行为的习俗。

结 论

伊斯兰教呈现了复杂的男女关系模式。它最明显的特征不是宗教所固有的，就像中东的遮面和隔离的习俗。它所接触的许多社会长期排斥这些习俗，另外一些社会在其他方面虔诚地信仰伊斯兰教，也从没有完全采纳这些习俗。然而，随着时间的推移和各方面的压力，它可以影响到没有皈依伊斯兰教的人，比如印度教教徒后来采纳了深闺习俗。综合 19 世纪所发生的各种情况，最引人注意的地方是父权制度始终占据主导地位。伊斯兰教所强调的精神性和权利方面虽然可能影响女性的信仰生活，但它在文化接触方面没有受到多少关注。虽然在印度和非洲东北部表现方式不同，但是共同趋势是形成了各种文化融合，结果比本地区文化以及中东所盛行的文化给女性带来更加不利的状况。

这种以严格的父权制度为基础的同化过程也出现在其他一些案例中。当伊斯兰教第一次传播到中亚的游牧民族时，比如突厥，并没有削弱当地对女性权利和自由的欣赏。因此突厥的女性继续参加部落会议，偶尔参与战争。（当伊本·白图泰参观这个地区时，再一次感到震惊。）女性照管牲畜及部落的重要财产，也组织迁徙方式。然而，当游牧的突厥人迁入中东时，他们发展了固定农业，也接触了更全面的中东习俗，包括伊斯兰教的和拜占庭的，它们都强调遮面和隔离；突厥人（至少在上层社会）很快接受了这些习俗，产生了遮面和隔离的传统，至今仍影响着土耳其。

53 只有在那些伊斯兰教传播的离中东最远的地区，比如印度尼西亚（现在是世界上穆斯林人数最多的国家），遮面与隔离的习俗没有产生过任何影响（除了宗教场合的服装外）。在其他地方，与伊斯兰教文化性别模式长期接触所产生的结果——包括那些并不是伊斯兰教本身所固有的模式——无论从涉及的人口数量还是从受影响的私人生活方面，都在世界历史上占有非常重要的地位。

当然，伊斯兰教的影响和复杂性也可推及女性状况之外的其他性别方面。伊斯兰教典籍强烈反对同性恋，尤其是穆罕默德圣训或法律汇编，制定了严厉的惩罚举措。但是当伊斯兰教传播到了一些对同性恋习俗比较包容的地区时，比如波斯或西班牙，就可能发展出一些模棱两可的现象。这些地区曾有一股文学之风表达对同性年轻人的强烈爱慕之情，体现了地中海和中东地区早期的传统。

伊斯兰教关于男子气概的内涵随着接触也发生了改变，超越了对男性权利优势和宗教学识的强调。伊斯兰教强调军事美德是男子气概的重要表现之一，这能够鼓励男人争相维护家庭荣誉；但这些方面主要在某些地区，如中东，表现得更突出，这是相比一些拥有不同传统标准的地区来说的，如东南亚，虽然这些地区也接受了伊斯兰教。

延伸阅读

关于伊斯兰教，见：Judith Tucker, “Gender and Islamic History”, in Michael Adas（ed.）,*Islamic and European Expansion: The Forging of a Global Order*（Philadelphia, Pa: Temple University Press, 1993）。

关于印度，见：Richard Eaton, *The Rise of Islam and the Bengal Frontier, 1204–1760*（Berkeley, Calif.: University of California Press, 1993）; Zinat Kauser, *Muslim Women in Medieval India*（Patna: Janaki Prakashan, 1992）。

关于非洲，见：Esther Hicks, *Infibulation: Female Mutilation in Islamic Northeastern Africa,* 2nd edn（New Brunswick: Transaction Publishers, 1996）; John Ralph Willis（ed.）, *Slaves and Slavery in Muslim Africa*, 2 vols（London/Totowa, NJ: Frank Cass, 1985）; Randall L. Pouwels, *Horn and Crescent: Cultural Change and Traditional Islam on the East African Coast, 800–1900*（Cambridge/New York: Cambridge University Press, 1987）。

第五章

中国的影响

54 后古典主义时期最后一个主要文化接触的例子是关于唐朝和宋朝时期的中国。不同于伊斯兰国家,中国没有传教传统。中国官员们积极在领土范围内传播文化融合,但是对领土之外的区域没有兴趣。然而,中国的军事力量和地区经济影响力都很强大。在唐朝,直接的军事扩张使中国的疆域延伸至中亚和西藏,也使朝鲜和越南成为藩属国。其他邻邦则因为中国的成功逐渐对其显示出兴趣。由此发展了第二个文化扩张区域,虽然比伊斯兰教的扩张范围小,但在其范围内影响深远。

当然,在儒家思想和森严的等级制度的基础上,中国也有一套完整的性别体系。第三章讲到佛教曾略微影响过这个体系,但是佛教的衰落越发减少了这微乎其微的改变。中国观念和习俗强调女性顺从与持家的重要性。当然也存在多样性。乡下女人可以积极地参与家庭劳动,与男人的区别不像在上流社会中那么大(虽然外国观察者经常会以上流社会为典型)。唐朝,尤其宋朝,经济增长促进了城市发展,出现了一类供有钱男人消遣的城市女性;她们中一些多才多艺的女性可能会获得相当大的,虽然可能是间接的权力。但是另一方面,这一时期的发展也增加了对更多女性的限制。缠足的习俗成为严格的性别等级制度的外在表现。在这一习俗中,女性从孩童时期就被紧紧地裹脚使脚趾弯曲,这通常会折断一些小趾骨,为的是拥有一双小脚;这被认为是美的表现,但是也导致女性步履蹒跚,严重限制了她们的活动。缠足的习俗传播缓慢,但是却无情地持续到了 19 世纪。缠足开始于上流社会家庭，因为他们更倾向于把女性视为装饰物。之后传播到了城市甚至农村，为此付出的明显代价是女性工作效率的降低。这是一个在父权社会里性别不平等随时间而加深的典型例子，是 55
社会日益繁荣的结果和产物。

中国持续性的文化传播遭遇了一些女性地位优于中国的社会。问题是，原本运行良好的传统接触到明显优越的文明（就力量和声望而言）时会发生什么？这些社会本没有向中国寻求性别建议。借鉴者迫切希望了解的是关于艺术、技术或政治方面的信息。但是交流不会囿于主题界限，性别观念遂不可避免地流传开。本章探讨两个例子：日本，大约公元 600 年开始刻意模仿，一直持续至后古典主义的大部分时期；还有蒙古人，这个游牧民族打败了中国的宋朝，从 13 世纪中叶至 14 世纪中叶（1279—1368 年）统治了中国将近 100 年。

日 本

日本长期孤立于亚洲大陆，除了有间歇性的迁徙浪潮，人口定居于各岛。农业、铁器的使用和初步的地方政府在古典主义时期出现。神道教开始发展，祭司在当地神社主持仪式表示对自然神灵的崇拜。

大约公元 400 年，日本领袖开始意识到中国的进步。约 600 年起，切实开始有选择地仿效中国，学生和使者前往中国并且报道中国的经济政治成就。604 年，一个地方统治者——圣德太子（正德太子），颁布了建立中央集权政府和官僚体制的章程，要求尊重佛教和儒家美德。日本引进了中国的建筑风格和城市规划，还将中国的象形文字作为第一书写形式，虽然最后也发生了一些变化以适应日本语言。日本政府组织定期交流，包括每年的贸易远航；文化与科技的借鉴不断发生。中国舞蹈、音乐和艺术形式也被引入到上流社会。诗歌风格根据日语进行了调整；花式园艺被确定为一种艺术形式。日本曾一度试图借鉴中国的政治制度，但是地域上被岛屿和山体所分隔的日本无法保持中国式的中央集权制，加上频繁的内战，于是又回归到了多种封建形式体制。

13世纪蒙古人入主中原，加上蒙古两次远征日本失败，减弱了日本觉得中国优越的意识，到16世纪积极的接触减少了。然而，在德川家康幕府更加集权化的封建政体统治下，新儒家思想重获新生，成为日本的主要文
56 化体系。儒学教育广泛传播，到17世纪服务于幕府统治的儒家官僚制度发展起来。

显然，在这持续了相当长一段时期的仿效过程中，日本的积极仿效也是有选择性的。不是所有的中国元素都固定下来，这可能是因为日本无法同化它们，或者是出于之前的传统而排斥它们。同时，模仿也可能会强调与中国元素本身的不同之处。比如，佛教在日本比在中国的影响力更持久。虽然日本与中国接触时期佛教在中国盛行，但是比起晚唐时期的中国，日本对佛教的借鉴更无所保留。甚至在德川时期，当儒家思想创造了一个更为世俗的文化时，佛教的地位仍在日本非常牢固。

这是一系列复杂的接触，但仍是一个在承认自身劣势（至少在一段时期）的同时，又保持一种独立身份意识的文明所刻意寻求的接触。这对性别问题有何影响？

像很多早期农业社会一样，在与中国接触之前，日本在男女间文化和权力关系上有很大的灵活性。由于缺少当时的书面记载，因此没有详细的记录留下来。然而，大多数历史学家推测，女性和男性共享财产权，而且财产继承也由母亲一方传递。一些人甚至认为日本是完全的母系社会，女性掌握了大量权力，虽然这种猜测无法被证实。日本与父权制度的中国有着明显区别，据此，接触很可能会激发很多变化。

事实确实如此。中国的文化声望必然会使日本试图仿效其性别体系，以弥补日本不必要的不足之处。政治仿效给财产法带来了明显改变，到7世纪末，女性权利减少了。家庭结构和继承体制都转向了明确的父权制度模式。但同时，日本没有与中国完全一样。缠足一类的极端做法并未被效仿；日本所阐释的中国模式实际上还为个别女性提供了一些意外的机会。在某种意义上，这是一个标准的融合例子，即外来影响与之前的习俗相融合。但除了女性地位的下降没有达到中国的程度之外，也有一些意外的曲折。

有两种复杂情况十分重要。第一,日本佛教为一些女性提供了重要的精神上和组织上的寄托。佛教密宗领袖强调个人觉悟和女性能力,认定女性应该享有“每一个救赎自身的机会”。佛教僧侣积极向女性传播佛教,虽然也有自相矛盾之处,一些佛教神龛不对女性开放,以免她们亵渎神殿(可能是因为女性的月经,这一直被视为是一种污秽)。少数情况下,女性在佛教中会获得较高地位,甚至成为日本佛教禅宗的禅师,管理众多庵堂。 57
13 世纪的安达千代野,负责管理超过 15 所寺院和庵堂。出生于贵族家庭的千代野,受训于一位由地区统治者邀请到日本的中国佛教禅师;后来成为禅师的继承人。这的确不同寻常,因为日本佛教早期并未对女性如此开放,之后认为女性不洁的观念卷土重来。但是庵堂生活作为一些女性对婚姻之外的另一种选择,持续了几个世纪之久。佛教朝圣也为女性提供了走出家门的重要机会。禅宗男性领袖制定了一些精辟原则。道元禅师如是说:

当我们提到邪恶之人当然包括男人。谈到高尚之人,女人也在此之列。学习佛法,消除幻象,与一个人生来是男是女无关……为什么一个男人的地位如此神圣?……组成人类身体的四种元素对于男女都是一样的……你不应该把时间白白浪费在一种性别优于另一种性别的讨论上。

中国父权影响的第二种复杂情况甚至更加出乎意料,虽然它具有自身独特的逻辑。受中国文化接触的影响,在强调男性优越地位的大环境下,日本男性主导了吸收中国文化元素的机会。但这在非中国文化领域(无论是新的还是旧的)为女性制造了机会。例如,诗歌创作属于男人,他们可以学习女人被禁止学习的汉语,但是女人能够用日语(日本人所发明的中国汉字的变体)创作散文。结果,在后古典时期的日本,女性创作出伟大的文学作品,包括世界上第一本小说——《源氏物语》(紫式部著,978—约 1016 年)。在现代以前,日本女性作家扮演着比其他社会女性更加重要的角色。上流社会女性有时间学习,传入的儒家传统对于两性之间接触的限制更增加了她们学习的时间。被禁止学习中国文化当然刺激她们有所反应,虽然她们没有直接反抗。女性能用本土语言自由表达思想,创作了日本最经典的散文佳作。在一些作品中，如《后深草院二条夫人自传》（*Confessions of Lady Nijo*，成书于14世纪）将女性文学和佛教结合在一起，作者描述了比丘尼的生活，完成抄写佛经的誓言，去神圣之地旅行，同时为宫廷建议服装和装饰。

甚至在政治和法律层面，日本受中国影响也相对较小，保持了自己的
58 风格。法律允许女性继承封建地位。但是男性的优越性也被记录在案，受中国启发有这样的条例规定：丈夫可以自由地休掉妻子。除了这个规定之外，还有儒家思想的“三从”：从父、从夫、从子。男性家长地位也日渐强化。

此外，中国影响并未止于活跃的仿效阶段。如同伊斯兰教在印度的情况，由于需要一个吸收过程，文化接触所产生的新的影响也发生相当之晚。因此德川统治时期儒家思想影响加强，给女性带来新的约束。其中，女性在佛教中的领导机会几乎消失，还有女性的任何文学地位，命运也一样。为使女性谦卑，还对女性着装施加了新的限制。一项1683年的法令禁止女性穿着薄绉纱、刺绣和色彩绚烂的服饰。其他法令更为严格，如1711年出现的一个案例。一个女人称其丈夫失踪，怀疑其夫已死。结果证明她的父亲参与杀害了丈夫。问题来了，她是否无意中通过攻击父亲而破坏了儒家顺从（从父）的美德。日本权威人士所引用的中国法律称“任何揭露父母罪行的人都将被处死”，然而日本法律称“任何检举父母过失的人将被驱逐”。学界权威人士上诉中引用了“管理人际关系的基本原则”，包括女性对父亲、丈夫和儿子的责任。的确，父亲不应该杀死其丈夫；此外，加上女性对父亲的行为并不知情，被认为可以从轻处罚。她虽然不必被处死，但是学界权威认为，“她必须受到谴责，成为奴隶”（并且在此之前她已被监禁了一年）。

儒家思想占绝对统治地位，不仅体现在新出现的女性在法律上的弱势地位，还体现在男女间日益拉大的教育差距上；从18世纪到19世纪，只有少数女性可以从影响不断扩大的儒家思想和佛教学派中受益。中国的审美价值也受到关注。德川时期的一部小说赞许地形容了一位女性理想化的美：“她的脚不足八枚铜币宽；大脚趾卷曲向上，脚底莹润光滑。”即

使存在进一步的同化，但是遗留下来的原有传统还是阻止了彻底的缠足习俗。融合在继续，虽然越来越倾向于中国习俗方面。

与中国的联系对日本性别问题的处理还有更广泛的影响。尽管日本曾短暂仿效中国政治，但并未发展出中国长期所宣扬的对士大夫的重视。日本对男子气概的定义更加强调军事素质，当然如果将军们能写诗则更好。但是中国对同性恋宽容的态度无疑影响了日本。个别中国皇帝和许多知识分子，对其同性恋偏好不加掩饰。从 8 世纪以来，一些日本诗人和佛教领袖也突出这一点。因此一篇 15 世纪的诗文称："我们在同一张床上 59
共度夜晚……我将永远庆祝爱情欢愉之夜。"实际上，日本描述同性之爱的文学作品数量之多超过中国。一位历史学家曾把这种兴趣程度与古希腊相提并论。

因此，后古典时期及之后，受中国标准持续影响但又未由其完全主导的东亚性别区域出现了。虽然没有伊斯兰区域广泛，但是特点较为集中；中国的价值观逐渐被证明比中东的更具说服力（部分原因是中国内部宗教复杂性较小，不会制造矛盾）。当然，在两种情况下，接触都有助于把父权制度传播至先前性别关系较为平等的社会，但东亚地区的父权制度更多地体现在世俗观念上。在近代时期，这种差异被证明是很重要的，这时的其他类型的接触引起了对早期不平等模式的重新审视。

蒙古入侵插曲

中国传统对蒙古人的影响不太明显。这里情况十分不同，因为蒙古人是征服者，而不是学习模仿的一方。他们的性别传统很可能比日本人更进一步脱离了中国传统（至少，对于蒙古的差异我们了解更多）。这种接触时间也很短暂；然而，性别相互作用却很重要，主要表现在激发了彼此间的厌恶感而不是融合。接触情况有多种可能性，也是一桩耐人寻味的个案。

前面我们讲过游牧民族通常贬低女性地位，赞扬男性的军事技巧和骑术。然而，仍有例外情况，蒙古就是个例子。同其他一些非农业民族一样，蒙古族因为女人担当的一些职责而敬重女性。首领和其他高级领导可以实行一夫多妻制——部分原因是因为频繁的战争造成男性稀少，而非贬低女性地位的表现——但是统治者的正妻仍拥有特殊地位。女性在政治活动中很重要，偶尔会参与战事，在管理家畜上也起重要作用。甚至在蒙古人入主中原以前，到访者就注意到了蒙古女性的重要性与独立性。蒙古第一位伟大的征服者——成吉思汗，就十分尊重其母亲和正妻的意见。可汗或统治者死后，遗孀通常会摄政，积极参与继位的权力斗争（有时会失败而面临处刑，这就是为其重要角色而付出的代价）。

中国最伟大的蒙古皇帝——忽必烈，虽然身边不乏高明的汉族官员，但是仍维持蒙古传统，赋予其妻察必皇后极大的权力。接着察必皇后表现出了极高的才能，但具有讽刺意味的是，她主张更多地顺应汉族方式。她
60 建议蒙古人尊重农业——这个对蒙古人来说既陌生又“低等”的体系，因为她了解农业带来的巨大生产力。她重新设计了军服使其更加实用，处理宫廷日常事务。她的愿望是建立一个全新的、持久的，并且能与中国历史上的伟大朝代相媲美的王朝。

然而，并不意外的是，察必皇后对中国女性的待遇方式毫无耐心。她和其他蒙古领袖试图利用婚姻加强庞大帝国的政治联盟。结果无形中挑战了中国帝制所赋予君主遗孀们的至高权力，虽然这权力可能是非正式的，但同时还受外戚势力的支持；在蒙古制度中，女性的权力来自自己的才能和婚姻，而不是庞大的家族势力。然而此改变并未持续长久。

汉族－蒙古族接触的主要影响是彼此更加确信另一方的性别传统是错误的，而在汉人看来，蒙古传统甚至是不道德的。对于汉族观察者来说，蒙古女性的独立与蒙古人厌恶洗澡和缺少姓氏一样，都是原始未开化的表现。接触能够增加敌意，而非产生性别顺应，这是一个非常明显而典型的例子。汉族的回应也不见得一定是降低了本族女性地位，但是缠足习俗依旧在传播，而且蒙古时期和之后的法令削弱了妻子和寡妇带入婚姻中的嫁妆财产权。法令规定离婚和丧偶的女性如果重返娘家或者再婚，则不能带走嫁妆。导致此法律修订的原因很复杂，但新儒家学者对于妻子掌控财产的担忧是其中之一。当蒙古人在中国的统治结束时，性别关系没有反映出蒙古政权的积极影响，中国人更加确信向外部世界学习是不必要的，

尤其是在那些像家庭与政治事务一样标准已经根深蒂固的方面。

结 论

中国影响和儒家思想的传播极大地影响了亚洲大部分地区的性别关系，虽然不是所有与中国接触的民族都受到影响。接触呈现了模仿的一些不可预知的方面。日本人长期以来尊重中国的优越性，但是他们的借鉴曾一度为女性创造了意外的机会，包括在佛教中的和在非中国文化形式中扮演的角色。日本与蒙古明显不同的反应表现出与中国不同的权力地位关系，以及在女性政治角色上的不同传统。

从历史角度而言，日本的反应更加重要，它表现了与中国标准的接触
如何在东亚大部分地区帮助传播了更为严格的父权制度。这里，与同时期 61
（从 7 世纪到 17、18 世纪）伊斯兰教和中东影响的对比能够说明一些问题。虽然具体情况有很大不同，几种情况都没有形成一个的统一的文化体系，但是接触的确有助于重新定义女性职责和地位，导致了一千年来欧亚非世界相当大一片区域内的女性地位更加低下，权利更加有限。虽然更具父权制度特征的文明的例子并非不可避免，但它却是强有力的。借鉴的性别体系融入到为建设国家和文明所做的更大努力中，模仿社会的男性领袖也不失时机地抓住了这种有利局势。

延伸阅读

关于中国，见：Patricia Ebrey, *The Inner Quarters. Marriage and the Lives of Chinese Women in the Sung Period*（Berkeley, Calif.: University of California Press, 1993）; Ruth S. Watson and Patricia Ebrey（eds）, *Marriage and Inequality in Chinese Society*（Berkeley, Calif.: University of California Press, 1991）。

关于蒙古时期，见：John Fairbank and Edwin Reischauer, *China, Tradition and Transformation*（Boston, Mass.: Houghton Mifflin, 1989）;

Robert Marshall, *Storm from the East, from Genghis Khan to Khubilai Khan*（Berkeley, Calif.: University of California Press, 1993）; David Morgan, *The Mongols*（Oxford/New York: Blackwell, 1986）。

关于日本，见：Ryusaku Tsunoda, William de Bary and Donald Keene（eds）, *Sources of Japanese Tradition,* I（New York: Columbia University Press, 1964）; Conrad Totman, *Early Modern Japan*（Berkeley, Calif.: University of California Press, 1993）; David Lu, *Japan, A Documentary History*（Armonk, NY: M. E. Sharpe, 1997）; Conrad Schirokauer, *A Brief History of Chinese and Japanese Civilizations,* 2nd edn（San Diego, Calif.: Harcourt Brace Jovanovich, 1989）; Kozo Yamamura, *The Cambridge History of Japan, 3, Medieval Japan*（Cambridge/New York: Cambridge University Press, 1990）; Jeffrey Mass, *Lordship and Inheritance in Early Medieval Japan*（Stanford, Calif.: Stanford University Press, 1989）。参见：Louis Crampton, *Homosexuality and Civilization*（Cambridge, Mass.: Harvard University Press, 2003）。

第二部分

欧洲扩张的影响：1500—1900 年

63 1500年后的几个世纪，主要文化间的接触进度加快，通常以西欧不同形式的扩张和入侵为主题。这是欧洲殖民主义和帝国主义的时代。欧洲国家占领了美洲大部分地区。之后不久，它们又占领了亚洲不同区域的主要领土，尤其是南亚和东南亚，之后，它们转而掠夺非洲和大洋洲。然而，彻底的征服并非欧洲扩张的唯一手段。欧洲人在世界贸易中扮演着日益重要的角色，在全球建立了贸易站点。最后，正是因为欧洲的成功，其他许多社会的领袖决定效仿欧洲模式，实施内部改革。俄国率先开始了有选择性的西方化进程，而其他国家，例如日本，之后也开始尝试适度的模仿。

显然，所有接触对男女之间的关系和性别观念都会产生影响。欧洲人就性别方面的正误标准有明确的观念，他们也不羞于评判他人或是要求他人改变。从一开始，欧洲的扩张就伴随着引领文化相互作用的刻意行为，当然，是按欧洲标准。紧随着征服者和商人而来的是基督教的传教士。殖民当局、改革者和其他团体也在随后数年里带来了关于性别的观念。

本部分各章讨论一些最重要的接触个案，它们均涉及西欧或来自欧洲的人与其他区域社会的互动。有几点值得注意。第一，在这四个世纪中，欧洲扩张不是世界历史唯一的发展。许多社会限制了与欧洲的接触；另外一些社会只与它们惯常的贸易和交流伙伴往来。在第三、第四章中我们已经看到，伊斯兰教和中国的影响如何继续在亚洲和非洲的主要区域产生作用而不受欧洲任何影响。中国则提供了一个关于现代早期(从1500年到19世纪早期)接触复杂性的突出例子。中国 64
商人积极顺畅地与外部世界进行贸易往来,进口了许多欧洲人从南美洲掠夺的银器,输出了丝绸与其他制造品。但是中国人能够限制与西方的文化接触。基督教的传教活动在这里非常有限。传教士经常批判中国性别体系的某些方面。中国人对同性恋的宽容尤其引起了他们的愤慨,"这里的每个人都犯了可怕的罪恶,而他们对此既不感到羞耻也毫不收敛",一位传教士如是说。偶尔,中国商人会因其同性恋的行为而在由西班牙控制的菲律宾受到惩罚;曾经有两人被施以火刑,中国人认为这非常残暴。但是,欧洲观念在中国内部没有产生影响。中国人对自己的性别标准仍极度自信。

甚至在欧洲人确实获得极大影响力的一些地方,例如美洲,他们也不能神奇地改变国际接触的本质。当然,在接触他们所谓的"原住"民族时,欧洲人异常地肯定自己,而不能容忍差异。本部分所追溯的大部分接触,如果不是全部的话,都是单向的,即当地社会从欧洲模式中接受或未接受什么,但是许多类型的接触大体上与早期先例十分相似。尤其是基督教的传教活动与之前其他宗教的传教活动情况非常类似,在男女关系问题上产生了一些同样类型的影响。基督教内部的矛盾也影响了与之前非基督教民族的交互作用,这些矛盾包括我们在佛教和伊斯兰教所了解的关于精神平等的观念和强调男性权威之间的紧张关系。同其他宗教一样,基督教中矛盾关系的结果也产生了相似的倾向,在实践中强化了父权制度。

然而也有一些新的主题。首先,即使与后古典时期的伊斯兰教相比,欧洲影响所涉及的区域也非同寻常的辽阔。因此,与欧洲性别标准接触的社会各式各样,从狩猎和采集部落到亚洲的一些卓越的文明社会。同样,接触的结果也各有不同。首先因为接触的区域不同,而且也因为不同的欧洲群体有不同的行动。例如,新教徒总体上对当地性别体系的干扰要比天主教徒迟缓,但是他们一旦行动起来,就会产生极大的影响。

另外,欧洲的性别标准也随时间的推移而变化。早期接触(16、17世纪)以基督教为中心,主要以天主教为主。基督教关于婚姻内适度性行为和男性主导的观念影响颇大。但是到18、19世纪,欧洲的观念变得更加复杂。欧洲人(尤其是新教徒,但不全是)开创了一套鲜明性

前所未有的男女关系的理想标准。在这一关系中,男性是主要的劳动者和公众人物。女性的责任主要在家庭内(这当然仍是一个旧观念),但是现在被装点以新的观念,强调女性这个弱势性别的柔弱和优秀品德。给予女性太多自由度让她们作为劳动者或性行为发起者的做法在此标准下可能会受到批判;同样,不重视女性道德品质和持家美德的做法也会受到批判。然后,到19世纪下半叶,又出现了第三种模式,一些西方女性团体开始积极地要求新的权利,部分原因是基于道德品质

的论点，另外也是为了补偿她们在工作和公共生活中的弱势地位。这些主张能够影响到与更广泛世界的相互作用。总之，1500—1900年间的许多国际交流都闪现着一个共同元素，即它们涉及与欧洲的接触，但是欧洲本身是一个变化迅速的实体。例如，到19世纪，传教活动究竟带来了什么？是基督教的性别观念，还是欧洲人关于“真正”女性的新观念，甚或新女性权利的建议？答案有时包括三者。

相比古典时期和后古典时期的相互影响，与欧洲的接触更常伴随着殖民政治和经济。欧洲的优越性是中国或伊斯兰社会无法超越的，枪炮和不平等的贸易协定强化了这种优越性。此外，经济变化通常使文化交流的结果复杂化。有时，基督教式的父权制度更容易改变男女经济地位——换言之，接触都向同一个方向推动，但结果有时会有所冲突。这些复杂情况在之前的时期并不十分重要。文化融合与抵抗仍可能存在，但是不断增长的欧洲世界影响的确倾向于改变游戏规则。

到18世纪，尤其是19世纪，欧洲影响愈发不可避免。军事优势增强，欧洲人能够踏入像日本和中国这些之前一直对其保持文化疏离的社会。随着工业革命的发生，欧洲的经济优势也在一个短暂但却具有决定性的时期内势不可挡。在欧洲自己的性别标准发生变化而强调男女差异时，欧洲官员和传教士们也不失时机地开始对其他世界性别标准的不足之处妄加评判。

当然，无论是有意还是无意影响其他社会的性别体系，欧洲人所做的事不会总是如愿以偿。这并不奇怪,但必须承认。欧洲人通常声称他们在帮助改善性别关系,尤其是女性的境况——在18、19世纪的确是这样——但是,由于他们对其他社会性别标准的误解,同时受自己性别观念的局限,还有他们在文化上所做的努力与其在经济和政治生活中所带来的变化相矛盾,因此他们的言论通常具有很强的误导性。近几十年,归功于世界历史的女性主义研究视角,历史学家就殖民主义和欧洲导向性的贸易以及所伴随的文化交流如何影响男女生活的问题展开了新的讨论。

最后还有三点需要注意。欧洲人几乎从未如他们所希望的那样能够重建某些区域的性别模式。部分原因是他们的自身做法存在矛盾性,例如,他们可能要求重视女性,但在同一接触中实际上却削弱了女性的经济独立性。另外也是由于地方社会对自己所熟悉的性别传统的顽强坚持,以及坚持按自己的模式来影响部分交流的做法。当然,这绝对是文化接触的标准特征之一,而非此时期的独创。不同的群体混合交集,会接受某些欧洲特征,而排斥其他一些特征,这就是典型的融合方式。无论是关于欧洲扩张还是欧洲人所自以为是的正义行为的话题,都不应该回避这一过程。

第二点,交互作用涉及了女性和男性。本部分各章较多地讨论了女性,因为这是被评论最多的一个性别,但实际上欧洲人常常试图重新定义女性标准还有男性标准。这很明显,例如到19世纪时,欧洲人震惊于各地区在同性恋行为上所表现的差异。然而,重新定义的方式也可以更加微妙。当欧洲标准试图改变传统的战争表现方式,或者把当地男性置于他们所不习惯的经济或政治劣势地位时,他们可能会做出男性应有的反应,试图以新的方式恢复男性的尊贵身份。许多欧洲人认为“原住”男人孩子气,这种看法可能会激励当地男性一方面模仿欧洲人的体面行为,同时也可能以新的方式来突显男子气概以反击他们的嘲笑。这个过程并不少见,同时对女性也产生了影响。对于欧洲人在此方面所期望引起的改变,有时有所补充,有时使之更复杂化。

第三点,欧洲帝国主义既频繁伴随着重新定义殖民地性别关系的努力尝试(通常是在基督教的激励下),同时也充斥着对殖民地女性(有时是男性)的性幻想。例如,女人——女奴,或者亚洲女人——被幻想为充满了淫欲。19世纪的欧洲色情作品集中于描绘中东统治者后宫内放荡的性行为;到19世纪末,出现了袒胸遮面的北非女人的明信片,以刺激欧洲和美国男人。这类画面能够促发殖民地性嫌和事件的发生,同时也能激起殖民地白种女人对“本土”性行为的反对。一些历史学家称,同一意象在本国的女权运动威胁到男子气概时,实际上直接刺激了帝国主义,使其成为表现男性特征的一种方式。很难对最后一点带来的结果下定论,但是它使西方接触所产生的性别影响(尤其是到19世纪)更加复杂化。

本部分各章涉及的时间跨度很长,从16世纪新欧洲扩张开始直到20世纪。如之前一样，相互作用对男女关系的影响需要几十年甚至几个世纪才会显现出来。此外，欧洲接触涉及的地域也非常广泛。我们从对美洲的影响开始讨论，这些影响延伸到了19世纪，甚至在这个时期之后还有影响。对印度的讨论包括18世纪和19世纪，但是也延伸到20世纪欧洲殖民主义持续和印度民族主义崛起的时期。第八章的主题是18、19世纪欧洲与波利尼西亚的接触，而开始于19世纪的与非洲之间的新型互动一直持续到了20世纪上半叶。最后，第九章讨论了与西方发生的另外一种类型的互动，所涉及的社会没有被占领为殖民地，而是沿西方路线自主发动了一场有选择性的改革。这里，西方化的例子开始于约1700年的俄国，但是延伸到了19世纪末和20世纪初。

到1900年，世界上大多数社会属于父权体制。但是，由于接触的作用，包括欧洲本身性别制度的变化，父权制度的表现形式发生了变化，通常强化了不平等性，有时也改变了一些关键的传统表现形式。

延伸阅读

从16世纪到20世纪，两种历史模型在不同方面讨论了日益增强的欧洲影响的结果。世界经济理论强调欧洲政治和经济力量新形式，同样适用于性别，见：Immanual Wallerstein, *The Modern World System*, vols

1 and 2 (New York/London: Academic Press, 1974, 1980), vol. 3 (San Diego, Calif./London: Academic Press, 1989)。

现代理论通常从改革的角度强调努力模仿西方模式。近期优秀的论述,见: Alex Inkeles, *One World Emerging? Convergence and Divergence in Industrial Societies*(Boulder, Colo.: Westview Press, 1998)。

关于欧洲变化的性别观念,见: Thomas Laquer, *Making Sex: Body and Gender from the Greeks to Freud*(Cambridge, Mass.: Harvard University Press, 1990)。

第六章

欧洲人和美洲原住民

68 世界历史上文化接触的重要篇章之一是1492年开始的欧洲对北美洲和南美洲的入侵。故事的概要很熟悉。哥伦布发现新大陆引发了欧洲的迅速征服，尤其是对拉丁美洲和加勒比海一带的征服；对北美洲的征服则稍慢。欧洲人几乎占据了所有交流上的优势。他们不仅拥有先进的技术，还有铁制武器、马匹和枪支。他们还拥有超强的疾病免疫系统；而两个世纪内，80%或者更多的美洲原住居民死于源自欧洲和非洲的疾病。欧洲人迅速建立了有利于自己的经济体系，从原住民那里夺取土地，并且利用其劳力，当美洲原住民不能提供充足的劳力时则进口奴隶。美洲原住民的政府结构迅速被削弱，尤其是在已经具有较完善政府的中美洲和安第斯山脉地区。

这种入侵不可避免地撼动了传统的美洲文化—— 一个丰富的文化群体。此外，欧洲人努力使美洲原住民皈依基督教。这首先开始于由西班牙、葡萄牙和法国控制的天主教地区；新教的传教活动发展较慢，主要在19世纪开始产生影响。然而最终却大规模地侵袭了几乎所有地区的现有文化习俗。

在接触早期，就有形无形地涉及了性别问题。欧洲统治不可避免地影响了原住民中男性的地位，迫使他们居于附属地位。在农业经济取代了狩猎和采集模式的北美大部分地区尤其如此。在许多情况中，随着男性以新的方式彰显男子气概，反而造成了对女性更强烈的征服。最明显的文化力量来自基督教，传教士们被灌输了关于男女关系的牢固意识。基督教对性行为也有一些强烈观念，尤其是在 19 世纪新教盛行时期，这影响了原住民男女之间的关系规则。

美洲原住民的文化没有毁灭，其核心要素以常见的融合方式与基督 69
教文化相重迭。然而，引起的变化是巨大的，甚至在印第安部落可以拥有一定自由度的保留区也如此。性别问题是欧洲接触影响美洲原住民生活的一个方面，甚至通常在最基本和切身利益的层面搅乱他们的生活。

印第安—欧洲接触持续了相当长的一段时期，实际接触从 16 世纪就在一些主要地区开始，但是直到 19 世纪仍不断地产生新的接触。然而，只要因为接触中的欧洲优越性始终处于支配地位，就会存在一些共同主题，无论关注的重点是 16 世纪的天主教传教士，还是 19 世纪在白人管理的纪律严密的寄宿学校里的印第安新教徒。

基本模式

美洲印第安人和欧洲人接触的结果必定会多种多样。首先，不同部落的文化有着迥然不同的男女关系，这自然会影响欧洲人的观念及其影响。其次，不同时期和不同地区，欧洲模式的影响也不同。拉丁美洲和加拿大主要地区的印第安人主要受到早期天主教传教士的压力。到 18 世纪末当新教徒开始在后来的美国地区宣扬宗教皈依时，他们在对印第安人的影响中增加了越来越多的关于女性神圣家庭职责的观念—— 一些人称之为“真正女性的崇拜”。

一个重要因素使北美洲的经历与中美洲和安第斯山脉的伟大印第安文明出现了不同。在北美洲，与欧洲的接触综合了狩猎和农业体系，按照欧洲父权制度的观念，那里性别差异明显但不平等性不突出。在拉丁美洲的主要个案中，接触使不同的父权体系交汇，这些体系中的不平等现象甚至在欧洲人入侵前就很明显。这里，接触的结果也值得注意，但通常比北美洲常见的显著恶化更加微妙。

然而，虽然存在差异，也存在一些共同的线索。第一，与欧洲人的接触通常会恶化印第安女性的境况，部分原因是出于印第安男性的反应，但是更重要的原因是欧洲人试图实行一个男性统治的等级制度。第二，欧洲人通常公开表示对印第安人的境况感到震惊，深信他们在帮助其女性。在这种混乱的情况中，尤为突出的是劳动观念和性观念的相互冲突，进而倾向加强了女性地位恶化的基本趋势。欧洲的性别观念比印第安部落更加缺少平等主义，至少直到19世纪晚期都是这样。这些观念加上远离战争
70 向农业劳动转变的压力，产生了不可预知的影响，使印第安人的攻击性转向了内部，往往是针对女人。这些影响无疑因为欧洲人不能接受除了自己以外的任何性别体系会运转良好而进一步加深。

拉丁美洲

起初的西班牙征服给印第安男性和女性都带来了明显的挑战。西班牙军官们经常会遭到印第安女性还有男性的军事抵抗。胜利后他们经常要求印第安女人连同其他物品一起作为奖赏，“你要送来一个浅肤色的女人，还有玉米、鸡、鸡蛋和玉米饼”，一位阿兹特克人如是说。这种接触除了让印第安人彻底地失去以自己的文化力量来对抗这种入侵力量之外，可能没有直接的文化影响。但是鼓励皈依基督教的活动没有落后。出于他们自己的性别观念和认为是合乎常理的做法，西班牙人通常先以男性为目标，认为他们能够带领女性加入进来。这种策略通常会奏效。一位阿兹特克人描述了一个强迫母亲跟随其皈依的儿子，母亲成为其地区第一个接受洗礼的女人。当母亲告诉儿子他肯定失去理智了，轻易地就被“一群野蛮人”说服，儿子告诉她，“如果她不是他母亲的话，他会用砍掉她的头来回应”，之后命令烧毁她的房间。经过这样的回合，母亲才顺从。

随着欧洲人和印第安人的交流逐渐增加，基督教领袖很快发现了许多尤其涉及女性的不道德的性习俗。正如传教士所看到的，印第安人有太多的身体裸露；他们有婚前性行为、通奸和一夫多妻制。当基督教传教组织建立后，他们马上要求印第安人必须穿衣服，甚至在湿热的热带雨林地区也是这样。他们通常把年轻的印第安男女分开以阻止其发生性行为。

他们积极干预婚姻伴侣的选择，试图确保家庭遵守新的信仰。他们抨击一些传统习俗做法，例如堕胎。总之，正如一位历史学家描述的那样，他们以基督教价值观的名义，努力推翻印第安家庭生活的正常行为表现。结果是混合而成的。正是因为对性行为的规定，许多印第安人从传教地区撤离，甚至积极反抗。一些人成功地坚持了自己的某些传统文化。即使他们待在传教区，接受基督教的婚姻，女性也会有婚外情或者掩盖与丈夫的亲属关系（此地区印第安传统允许近亲通婚，这有悖于天主教规定）。

大体上，除了性行为之外，传教士还努力地减少中美洲和南美洲女性之前在印第安生活中所拥有的职责。在传教士眼中，女性是生儿育女者和
持家者，她们缺乏理性而且麻烦多。他们甚至很少把美德归于极虔诚的女 71
性基督皈依者，尽管具有讽刺意味的是，女性（包括印第安女性）才是拉美教会的主要拥护者。

一个不可避免的关键冲突是关于女性的宗教职责。虽然哥伦布时期之前的美洲主要文明一直是父权制度，男性是主要的宗教活动执行者，但是女性也通常在宗教仪式中扮演着一些装饰性和执行某些仪式的角色。她们准备华贵的服饰和装饰物来装点诸神雕像，还负责家庭宗教事宜。现在这些机会大部分消失了，尽管印第安人秘密保留了一些活动和艺术装饰，或把一些传统应用到基督教崇拜上。在这些隐蔽的文化残余之外，除了信奉天主教给多数人带来的精神利益之外，女性几乎失去了所有领地。天主教规定女性在宗教事宜中处于次要地位。当西班牙重新任命官员而无视原住民的尊贵阶层时，女性再次丧失了领地；殖民当局不会考虑让女性掌权，到村长一级的职务都只任命给男性。

关于性别问题相互作用的复杂结果清楚地表现在了玛雅人的案例中——这些危地马拉和尤卡坦半岛伟大文明的残余。传统的玛雅社会将女性视为明显的弱势性别，甚至不能拥有财产。性行为被严格控制，虽然与欧洲人强调的方式不一样。因此玛雅人对西班牙人公然的好色以及虏获当地女人为情妇的行为感到震惊，然而西班牙人抱怨玛雅男孩和女孩裸体共用泳池。如同别处一样，16 世纪时西班牙征服的最初结果是一幅直白而严重的混乱画面：天花等疾病引起大量的人口死亡，军队肆意掳掠

和性虐女性。

当情况稳定后，出现了一种更复杂的平衡现象，与其他文化交流结果的某些方面很类似，但是总的来说，很可能对女性而言相当糟糕。玛雅女人从新体系中有所受益。她们被告知她们的灵魂和男人一样高尚，并被赋予了鲜活的女性宗教形象，例如耶稣的母亲玛利亚，作为她们新境遇的一部分。与传统明显的儿童时期的隔离形成对比的是，女孩现在可以和男孩一起上宗教学校，虽然这种机会并不多得。在一些方面，女性工作的重要性增加。玛雅女人一直负责复杂的编织工作；现在她们需要织布，作为向西班牙人缴税的一部分，因此她们对家庭经济更为重要。

然而，她们的损失也很严重。传教士迫切地推行基督教式婚姻，打破
72 了玛雅人长期以来组建的大家庭，更视其为性罪恶的中心之一。结果加重了女性与其他人的隔离。传教士也反对之前一项叫做“新娘服务”的习俗，就是妻子婚后仍与父母同住，但可以与丈夫发生性行为；传统上来说，如果初期进行不畅，可以取消婚姻，之后女人可以另嫁他人。基督教认为这项习俗是可耻的，因此很快即被取缔了。结果是，对男女来说，婚姻的灵活性减少，还有不和谐婚姻中男性家庭暴力的增加。同时，随着女性工作机会的增加，艺术创作在下降，但是尽管有西班牙人不冷不热地反对，她们仍重视制作色彩绚丽的布匹用于节日服装。最后，一些看起来获得的好处事实上并非如此：最突出的是，虽然学校教育似乎把男孩和女孩放在了一起，但在儿童生活的其他方面并未切断早期的隔离模式，或者真的改善女性在男性眼中的地位。

这种结果可以说是玛雅和西班牙父权世界最糟糕的情况。尽管虔诚地皈依了基督教，灵魂平等的宗教含义没有对玛雅社会的性别观念产生深刻影响。同时，某些传统的对女性保护的机会减少了。这是文化融合的一种形式，但并未给当地女性带来益处。

西班牙征服影响着男性和女性。战争中的失败，加上欧洲征服者的性别歧视不可避免地影响了印第安人的男子气概。然而，与后期欧洲帝国主义者不同的是，西班牙人有时也纠结于强调某些印第安男性的男子气概，如他们在战争中所表现出的威猛，以及本身对柔弱行为的反感。因

此，西班牙观察者经常称印第安男性在战斗中的勇猛凸显了他们的男性雄风：只有真正的男人才能打败如此的男性劲敌。西班牙人也列举了印第安男性蔑视同性恋行为的情况，这印证了他们自己的观点。

同时，西班牙人的确声称在原住民身上发现了许多女性气质，还有许多性罪恶。如同在其他个案一样，出于基督教对同性恋的强烈反感，这些关于同性活动的言辞也受到极大关注。早在1543年的时候，第一个墨西哥主教大肆抨击了如他所见的原住民的普遍同性恋现象，“没有什么能比欲望和淫欲的幻想更能污秽和摧毁男人的心了”。西班牙人（和其他欧洲人）尤其对原住民常见的“双灵”习俗感到困惑和震惊，在这一习俗中，男孩或男人在服饰和角色上都转变为女人，做女人的工作，（有时）也为男人提供性服务。虽然西班牙人能够充分利用“双灵”习俗来达到自己的目的，他们的官方观点却是一致反对。渐渐地，欧洲人施加的压力不仅减少了“双灵”的发生，而且促使许多原住民代表也否定这项习俗存在过，包括性 73
别错位的着装现象。

加拿大个案

虽然很少有法国殖民者迁入加拿大（高出生率将带动法裔加拿大人口的强劲增长），但是广泛的传教活动却迅速发展。许多来自耶稣会的传教士，尤其渴望赢得皈依者，因此跟随法国探险家和毛皮猎取者来到加拿大。他们对于所看到的美洲原住民性别体系的反应与在拉丁美洲的西班牙传教士的反应类似：如果皈依基督教有任何意义的话，那么实质性的改变似乎很有必要。但是，接触之前这里的性别模式与拉丁美洲模式大相径庭，因为这里在欧洲人到来之前没有成熟的父权体系。

17、18世纪发展起来的与印第安休伦族和五大湖北部相关部落的互动是一个非常典型的例子。与中美洲玛雅人及其他部落不同的是，休伦人将流动的农业和狩猎相结合。因此在他们与欧洲人的接触中涉及了大量的文化差异，狩猎社会较为自由的性别关系与牢固的农业文明之间的普遍差距更强化了这些差异。毋庸讳言，对其男女角色安排合理性相当自信的欧洲发言人不认同这种差异，或者甚至完全不能理解。

像许多北美印第安部落一样，休伦人的家庭关系结构是按母亲传承，而不是父亲。大家庭“长屋”的成员关系以男性入住女方家庭的体制为基础，这赋予了女性很大权力。由于夏日男人都外出，是女人真正地把家庭生活团结在一起。耶稣会士马上对这种模式提出怀疑，因为在他们看来，休伦女人拥有太多的自由。女人也积极参与休伦宗教和治疗仪式，一些女人担当萨满法师，或者宗教和巫术治疗师。对女孩降生所给予的庆祝比男孩更多。

关于这点，与其他历史个案中皈依情况不同的是，女性尤其可能对皈依基督教产生退缩，因为皈依对她们来说没有什么明显的益处。男性对于皈依稍显开放，但是即使如此，他们也可能面对重压，甚至会达到被“大家庭”排斥的程度，如果遭到妻子或岳母反对的话。来自女性的反对加深了传教士们的担忧，因为他们无法轻松地使皈依的男人要求妻子顺从（这本是他们认为的合理模式）。许多休伦女人认为基督教洗礼会引起巨大的不幸，因此通常会坚持让丈夫放弃。根据一位法国观察者的描述，在一个例
74 子中，女人们“把他（丈夫）从木屋里赶走，拒绝给他任何食物；并以他受过洗礼的侄女的死亡为训来斥责他。他没有任何生计，被迫去做通常女人才做的工作。”就耶稣会士这方而言，他们认为传统主义的女性是“悍妇”和“恶妇”。抗拒的女性很容易被与魔鬼联系在一起，耶稣会士认为魔鬼在新世界做工：毕竟，女性是原罪者（夏娃）的观念在欧洲思想中影响很深。对性行为的担忧也增加了这种对抗——耶稣会士认为女人性欲放荡而极不贞洁。

在传教士看来，改革的关键是推行基督教的婚姻体制，男人现在占主导地位，可以要求妻子谨慎行事——必要的话还可以对其施以暴力。女人要服侍、顺从男人；如果她们做不到，用暴力解决也是正当的。耶稣会士讲述了一个基督教丈夫的例子，他“打了惹怒他的无礼妻子”。双方都遭到了谴责，尤其是“比丈夫更加罪恶的妻子”。由于不服从而被丈夫惩罚的女人被控告犯了罪恶，并被施以针刺以向耶稣会士承认全部罪行。相对比之前自由的传统，基督教婚姻还对女孩和妻子们强加了新的性行为约

束。一个基督教女孩可能会仅仅因为和男人待在同一个木屋里而受到惩罚。渐渐地，许多休伦女人被训导要谨慎地约束自己的行为，以免陷入罪恶。一个女孩哭泣，因为她让男人碰了手，“十分害怕这会让她不再是处女”。女人离开丈夫，这本来是传统休伦社会女性的权利，现在如果被抓会挨打和受到监禁，休伦男人也会和传教士官员们一起来执行此惩罚。

就休伦男人来说，他们通常欢迎使女人变得更加温顺的机会。一个皈依者坚持认为他的新婚妻子（被认为是“傲慢无礼的”）应该大声宣誓会顺服于他。法国人表示赞同：“上帝显然祝福这桩婚姻，我们从来没有发现比这个女人身上更大的改变，她现在已经变成了一只羊羔，温情脉脉，忠贞奉献。”男性的动机很复杂，超出了个人权力。随着法国殖民统治增强，早期十分野蛮的侵略形式，尤其是袭击其他部落时施加的酷刑和食掉俘虏的做法，遭到了反对。结果侵略转向了内部，女性是主要的目标。女性处于弱势地位，加上担心她们是性诱惑的源泉，很显然任何偏离谦卑温顺的行为都将受到攻击。耶稣会士鼓励休伦男人组织村民委员会来约束女人并督促其皈依；不用说，这里没有女性代表。

结果是男女关系发生了大规模的重新构建。在耶稣会士的压力之下，许多女人接受了“女人是罪恶的”观念，而男人靠新形式的不平等来感受男子气概。

两个美国个案 75

美国是新教徒占据优势的地区，这里的发展为普遍的美国文化契约模式增添了一些与众不同的要素。对女性权利和性问题的担忧与在拉丁美洲，尤其是加拿大的互动情况类似，但是在后来成为美国的这个地区，传教活动和其他方面的压力出现得稍晚，大约在欧洲的性别关系被重新定义的时期，这为劳动关系注入了新的文化元素。总体上说，这还为坚持改变带来了另一种元素，一种对女性利益没有作用的元素。

有时美洲原住民和欧美传教士的接触似乎对女性有利。苏族部落（19 世纪在爱荷华地区开始了接触）的女性本来就处于弱势。在这种环境下，正是女性而非男性发现了皈依基督教的好处。六年后，苏族的一个传教站有四十名教会成员，其中只有两名男性。在传统宗教中，男性掌管仪式，女性则没有什么作用；因此女性更积极地参与基督教教会，这赋予了她们新的发挥作用的空间而不必破坏传统习俗。苏族女性穿着朴素，这是传教士所称赞的一个习惯。男性可能会赞同这一切——这是其他接触情况中常见的主题，因为基督教学校会教授女性更好的持家方法。因为无论这个新教是什么分支——贵格会、浸信会，还是卫理公会——或者是什么部落，无论是苏族还是肖尼族，传教学校都致力于教女孩缝纫、打扫与做饭。

但是也有一些变化可能会引起麻烦。欧美人带来了男女分工的不同观念，这些观念随着时间的改变而增强。女性应该关注家庭，男性应该耕种劳作。家庭现在意味着一个固定的住处，所以女性在这一领域的工作范围扩大了。印第安传统认为建房和耕种是女人的工作，男人为建屋伐树或者拿犁锄地是荒唐可笑、没有男子气概的表现。相反，欧美人坚持男性应该把女性从繁重的田间劳作中解脱出来，这“完全不适合她们的性别”。按照这种措辞，视女性为纯洁却弱势的性别是“文明社会和野蛮社会之间的一个基本的分界线”。一位传教士描述了与之相反的印第安人的观念：“他们有这样一个观念，认为耕种劳动是对男性特征的贬低，男人（他们认为）生来是为了战争、狩猎、做决议，而女人和刺猬是为抓挠地面而生的。”

这里是一个复杂的接触例子。苏族男人和女人可能会接受性别等级
76 的基本观念，认为女人是弱者，在某种意义上居于劣势。白人新教徒称女人是文明的基石，道德教化可能意义甚微，即使一些女性皈依者在基督教找到了新的自我表现方式，但是出于对家庭角色的强调，这并没有被视作是有害的。但是等级制度的加强与劳动分配的深刻转变发生了冲突。稍感惊奇的是，即使有来自传教中心的引导，美洲原住民，尤其是男人，转向欧洲模式的过程仍缓慢而又不完全。如果他们确实转变了，在男人和女人看来，其结果长期也是令人迷茫的。

南部的美洲原住民部落，尤其是切罗基族，开始的情况有些不同，因为这里的女人拥有较高的地位，并扮演更多的角色。女人做农活，男人狩

猎，但是这种分工具有一定的平等性，因为女性因其重要的贡献受到认可。凭借她们繁重的劳动，女性在庆祝丰收的宗教仪式上发挥主导作用。此外，与休伦人一样，血缘关系由母系一方传承，家庭也围绕着母系亲属居住。切罗基族的女人拥有大量的权力和自主权，在部落会议中起积极作用。最终，包括婚前性行为等性习惯变得相当自由，印第安女人在性事中通常缺少克制（按照基督教的标准），还常拿此开玩笑。一位历史学家称，在所有这些特点中，切罗基族女人大概和这块大陆的其他部落一样，离现代新教标准很遥远。

从18世纪之后，切罗基族开始了和传教士及欧洲裔农场主的接触。和苏族人一样，只是原因更加简单，女性看到了接触所带来的有利改变，比如，有可能学习更为有效的耕种方法；许多切罗基族领袖，包括男性，对他们吸收欧洲方法并提高“文明”程度的无限能力感到自豪。通常他们认为只有顺应才能使他们在白人统治的社会生存下去。因此来自本社会内部的压力要求做出调整。

与此相反的情况是男女关系存在着许多潜在冲突。欧美人，逐渐被灌输了对真正女性崇拜的观念，一直谴责女性从事体力劳动；认为男性狩猎是游手好闲的活动。“野蛮的”和“低等的”是两个经常应用于切罗基文明性别方面的形容词。传教士和政府机构都急于稳定该地区，他们与白人农场主（包括乔治·华盛顿）一起要求改变，实行他们所认为的以男性为主导的标准农业模式。性习惯，包括普遍流行的一夫多妻制及女人裸露的服饰，也受到了攻击。1800年之后，众多由白人管理的学校开始传播欧美人关于礼仪和合理性别分工的观念。

许多切罗基族人欢迎这些进一步的引导。女孩被肯定地告知家务劳 77
动（而不是农业）是她们在家中地位的关键，她们在描述此类教育时充满了感激之情，说这些课程能帮助她们“制作对我们生活有用的衣服”，或者教会她们“如何照料家人以便当我们回家时能够照顾母亲的家”。女性的谦卑态度也得以提升，但有传教士说，他们还是尽力确保男孩和女孩从不单独相处。但是切罗基族对一夫多妻制和性自由的喜爱没有马上改变。有一些受过传教教育的切罗基族家庭完全转变成欧美模式的农业家庭，女人现在担任次要的经济角色，但许多家庭仍坚持传统方式。然而，由于借鉴了欧洲观念，这一部落在管理层面上发生了改变，在此过程中找到了新的方法来补偿对男性权威的某些侵犯。新法令赋予父亲而不再是母亲优先权，作为血亲关系传递的基础。女性在部落会议上发挥的作用结束了，现在只有男性能够参加选举。由于她们在亲属关系中地位的下降，还有常常居住在分散的农场，女性之间也变得更加孤立。然而，对于印第安女人来说，任何对这些新模式的挑战看上去都是向野蛮的回归；从这个意义上看，她们没有什么机会利用白人关于女性的观念作为抗议的基础，即使当欧美女性基于女性纯洁的观念开始了女权主义的抗争时。

性别问题是欧美和印第安人在美国接触的一个战场，这场战争从19世纪一直持续到20世纪。政府学校和机构及传教士们不断地灌输一种观念，即由于女性被寄予的工作和印第安人随心所欲的性习惯，印第安传统使女性成为奴隶式的苦工。虽然一些措施对某些虐待性习俗有所缓解，为女性提供了新的表现机会，但总体来说冲突仍产生于一些根本的错误观念。在欧美观念占主导地位的地区，女性在美洲原住民社会的作用在下降。印第安人反抗之处，他们却被迫改变传统习俗，尤其是涉及狩猎/农业的差异，而他们对恰当职份的理解也可能会失去清晰的定义。在欧美强权当道和对其性别模式过度自信的背景下，美洲原住民不仅无法表达对自己传统消逝的忧虑，甚至难以搞清楚到底哪里不对。

结论

无论是在影响性别体系的大多数互动中，还是在各自性别传统之间巨大的差异上，欧洲人和美洲原住民之间存在的巨大的权力鸿沟都比较突显。积极的文化融合是有限的，尤其在北美洲，因为印第安部落发现很
78 难捍卫他们的传统。当女性境况恶化时，印第安男性实际上可能会支持这种变化，尽管他们自己关于男子气概的定义也同样变得更加脆弱。女性本身可以作为改变的执行者，例如从有限的学校教育中吸收新的关于家庭生活的观念或者性观念，但是她们无法阻止先辈们曾在许多部落生活中

所享受的机会的流失。文化失衡及其所造成的旧模式和新影响无法积极相容的局面，与其他涉及欧洲人的例子形成了对比，包括下一章将要讨论的在印度的互动情况，在那里，欧洲人的优越性受到了印度社会的规模和凝聚力的制衡。

一些美国印第安人，如切罗基族农民家庭，直接融合了欧洲模式。然而，总体来说，尽管存在着权力鸿沟，但主要印第安部落没有被欧洲化。相反，他们一直在努力地保持不同，尽管他们自己的性别传统大部分遭到破坏。其结果可能让白人观察者和印第安社会本身都很困惑。

拉丁美洲的情况略有不同。因为在那里印第安文明已具有相当程度的发展，即使在欧洲人的大屠杀之后仍剩余了大量人口，因此有更多融合的机会。父权制度的某些特征和稳定的农业之前也已经存在，例如阿兹特克人的情况，这些使欧洲形式看起来不那么陌生，尽管在具体细节方面仍有很大差异。然而，与传统的男女关系还是有根本性的偏离。

发生在美洲的互动倾向于单向进行，而且达到了非同一般的程度。欧美男人欣赏印第安人的男子气概，至少在原则上是这样——尤其是他们在战争中表现出的勇敢，但是没有兴趣学习印第安家庭和女性方面的传统。美洲原住民的模式错误而野蛮。只有间接地通过强化欧美人所坚持的关于女性柔弱和品德的观念，在文明和威胁性的印第安“异端”之间形成对比，这种接触才可能对欧美人本身产生影响。善良居家的女性形象在欧洲产生，但是它在白人统治的美洲可能会达到更加极端的形式而成为反对“野蛮人”的旗帜。当然这里有一些讽刺性：被印第安人虏获的白人女性通常愿意待在他们中间，这让殖民者愤怒而震惊；当 19 世纪晚期白人女性开始为新权利（比如财产权）抗争时，她们通常无意之中在寻求许多印第安女性曾经拥有但随着与白人接触而丧失的品质。

延伸阅读

关于北美洲，见：Karen Anderson, *Chain Her by One Foot. The Subjugation of Women in Seventeenth-century New France*（London/New York: Routledge,

1991）; Robert Berkhofer, *Salvation and the Savage. An Analysis of Protestant* 79 *Missions and American Indian Response, 1787– 1862*（Lexington, Ky: University of Kentucky Press, 1965）; Nancy Shoemaker, *Negotiators Of Change: Historical Perspectives on Native American Women*（New York: Routledge, 1995）; David W. Adams, *Education for Extinction, American Indians and the Boarding School Experience, 1875–1928*（Lawrence, Kan.: University of Kansas Press, 1995）; Theda Perdue, *Cherokee Women: Gender and Culture Change, 1700–1835*（Lincoln, Nebr.: University of Nebraska Press, 1998）。

关于拉丁美洲，见：Inga Clendinnen, *Ambivalent Conquests, Maya and Spaniard in Yucatan, 1517–1570*（Cambridge/New York: Cambridge University Press, 1987）; Erick Langer and Robert Jackson（eds）, *The New Latin American Mission History*（Lincoln, Nebr.: University of Nebraska Press, 1995）; Asunción Lavrin（ed.）, *Sexuality and Marriage in Colonial Latin America*（Lincoln, Nebr.: University of Nebraska Press, 1989）; Susan Schroeder, Stephanie Wood and Robert Haskett（eds）, *Indian Women of Early Mexico*（Norman, Okla.: University of Oklahoma Press, 1997）; Richard Trexler, *Sex and Conquest: Gendered Violence, Political Order, and the European Conquest of the Americas*（Ithaca, NY: Cornell University Press, 1995）; Merry Wiesner-Hanks, *Christianity and Sexuality in the Early Modern World; Regulating Desire, Reforming Practice*（New York/London: Routledge, 2000）。

第七章

英国殖民统治下印度的男性和女性

18 世纪中期以来,印度一直受到西方的影响,最初是英国的影响。这是继美洲之后,西方占领的第二大殖民地。因此,值得把印度个案与美洲个案进行对比。实际上两者有很大不同:印度是稳定的农业文明社会,远比美洲原住民更能成功地抵制西方模式。总体来说,欧洲人在试图施加自己的性别观念时显得更加迟疑。可是仍然存在相互影响和随之而来的改变。 80

印度–英国的接触包括四个阶段。最初英国的介入只是商业上的,寻求商品和市场。整个经营不是由英国政府操控,而是由东印度公司这个由政府批准但以盈利为目的的机构运营。东印度公司逐渐接管了殖民政府的职能,因为各种与欧洲竞争对手(尤其是法国)的战争以及应对当地的反抗需要更正式的管理,与印度人在商业领域之外的接触相当有限。虽然在此阶段女性的经济活动开始大幅减少,但几乎没有广泛的文化影响。

第二阶段开始于大约 19 世纪 20 年代,此时印度人的生活受到了英国更严重的干预。许多主要法律攻击了英国人认为的日常对待女性的一些可耻之处。越来越多英国人的到来把英国女性带到印度,她们可能会作为行为典范产生一些影响,无论这些影响是积极的还是消极的。

到 19 世纪末期,仍处于英国统治时期的印度人开始组织各种各样的民族主义运动进行抵制和改革。这些运动对于男女职责有自己的设想,这可能会推动改变,也可能肯定连续性。到 20 世纪,印度民族主义领导者有一套更完整的女性权利体系。

最后，印度于1947年获得独立。印度政权的成功建立显然重塑了西方影响的问题，但它并没有造成完全决裂。印度人一直对来自西方的信号做出回应，虽然他们鉴别选择的能力明显增强。

81 本章首先关注交流最具有决定性的前三个阶段。到20世纪20年代之后，尤其是到1947年以后，较少依赖交流，而更多依赖印度人自己从先前经验中做出的选择。

背 景

印度成为当代世界历史上考察西方影响和区域反应伟大的试验场地之一。这是一个复杂的、较为完善的文明，有着长期的父权制度传统，男性占支配地位和父母包办婚姻与对女性美丽、性感、聪慧和其作为母亲身份的赞美共存。印度教，这个拥有众多信众的宗教，肯定女性精神上的弱势地位，但是重视让女性经常参与精神提升过程；虽然女性的地位比男性低，但她们也是这个神圣社会的一部分，同样有与神圣本质融合的终极目标。

印度传统也包括大量处理外部影响的经验。新观念能够被宽容地接受，但是很少能把大多数人从固定模式上吸引过来。没有任何宗教能够从印度教中赢得众多印度人的皈依，或改变印度教的习俗和信仰，西方试图引入基督教的努力也失败了，虽然也存在小规模的个别皈依。

英国对印度的影响基本上不是宗教方面的，虽然也有重要的传教活动。到19世纪，英国关于性别的观念主要是世俗化的，包括家庭应该如何，世俗教育应该由什么构成，等等。从这个意义上说，英国对印度的影响与许多早期的文化接触案例大不相同，早期接触案例中，传教活动带来了主要影响。这里的基本冲突是“现代”和西方对于性别标准的观念与包含在印度教中的印度传统之间的对抗。

在某种意义上相互影响很简单。在印度的英国人十分确信自己的优越性。虽然一些人对印度产生了感情，但印度并未对英国性别标准产生大规模影响。正如之前许多例子一样，在经济和军事力量极大失衡的情况下建立起来的这种交流是单向的。

然而，相互影响的其他方面并不简单。比如，印度接触英国性别标准的方式有巨大的差异。印度大多数人生活在农村，与英国价值观的接触很遥远。英国通过一些法律和许多经济限制影响了印度，但是不存在建构另一种涉及男女职责的文化的机会。然而，对于居住在城市里的印度人来说，包括上流阶层，还有处于殖民统治下较低阶层的印度人，情况就大不相同。这些人随时准备接受关于英国男女关系的价值观，一些人还很积极地这样做，至少是有选择性的。

英国本身也存在分歧。甚至第一阶段以后，英国还有一种强烈的想 82
法，不去触及性别问题。无论英国帝国主义的目的是经济利益还只是政治掠夺，动摇印度的传统根基都不会有什么好处。英国统治在很大程度上依赖印度的默许，干预传统会很危险。这种立场无法阻止意想不到的结果，因为印度人在试图弄明白什么让英国人如此横行，但是它可能会限制相关的接触。在印度的大多数英国女人是殖民统治者的妻子，因此被谨慎地安排在特别的居住区，远离疾病和贫穷；相应地，除了众多仆人之外，很少有印度人能与她们接触。甚至更常见的是，大多数英国官员本身也怀有父权观念。印度性别模式的一些方面会给他们制造麻烦——例如，他们需要做出一些特别的努力才能允许传统印度艺术出现在殖民地邮票上，因为按照 19 世纪中期的英国标准，这些图画都是色情的——而男性统治的基本观念看上去正常合理。殖民者甚至对于印度标准的男女差距还存在一定的嫉妒，因为自己国内既不存在关于这种差距的争议，也不可能成为事实。

由于英国的性别观念一直在迅速变化，结果不可避免地会影响到对印度改革可能性的评估，以及印度人在试图弄明白英国体系时所遇到的困惑。在英国，女性的工作量在下降，尤其在至关重要的体面阶层。随着工业化的发展，女性的工作机会在减少。一些女性可以在工厂工作，但是更多女性被从商业和农村生产的岗位中排除出去，此时在中产阶级中形成了一个强烈的观念，即体面的女性不能在外面工作。同时，女性在家庭中的权利增加，道德地位也得以提高。在主要方面，与早期先例不同的是，女性现在被认为天生比男性更加高尚。当然，她们被认为具有较强的性约束能力（同样，违背这种观念的女性会受到强烈谴责）。女子教育在不断扩大，虽然关于女性脆弱的理性能否充分发挥它的作用上一直存在着争议。到19世纪70年代，出现了其他改变。英国人口出生率下降，因为女人认为孩子太多不利于女性和社会。一些坚韧不拔的女性在法律和医药领域开辟了新事业（对于新的、积极角色的推动将促使许多女性进行传教活动）。法律的改变赋予了女性新的财产权和离婚的机会。一项正式的女权主义运动崛起了，这项运动坚持争取进一步的权益，包括到1900年许多女权主义者所一致认定的选举权。

这些不同的英国性别模式是如何在印度相互作用的呢？本来有一种神圣的国内模式，还有一种新的、更加张扬的模式，在两者之间还有许多中间模式。可以预测的是，当所有主要的英国群体都能达成一致必须要做些什么的时候，无论是针对家庭幸福还是国内公共改革，很可能就会采取明
83 确的措施来干涉印度性别关系。但是关于印度女性涉及英国殖民主义不同方面的问题时，还是有许多存在争议的地方以及所产生的巨大影响，是关于性别问题的讨论不能完全涵盖的。

经济背景

对于女性来说，目前为止英国对印度的干预产生的最重要的结果是工作机会的损失，这是由于政策和产业竞争使印度生产力处于劣势地位所致，这种状况从18世纪中期一直持续到20世纪。这是在表象之下经常发生的事情，但可以强烈地扭曲两个社会之间的更为明显的文化接触。

英国商人和决策者很快意识到如果帝国主义者要从殖民地获取利益，就必须阻止印度制造业的发展。在18世纪，英国法律限制进口印度工业物品，尤其是棉布，以便初期的英国工业能够发展。色彩艳丽、便于清洗的印度棉布，在英国十分畅销，虽然棉布生产在印度属于较老的工业部门。降低印度生产是英国迅速扩张的第一步，之后是棉花生产的机械化。英国

从印度寻求的不是传统的制造业优势，而是不断扩大的农业生产，尤其是茶叶和香料之类的产品，还有作为英国工业的直接市场。18 世纪 60 年代之后，随着英国工业革命的兴起，这种重新定位加速发展。到 19 世纪年代早期，成千上万的印度制造业工人（大部分是女性）失业了，她们的手工方法根本无法与蒸汽驱动的英国工厂竞争。

结果造成了许多印度家庭越来越贫困，女性的工作选择严重减少。逐渐地，家政服务、乞讨，最主要的还有农业，成为女性的主要出路。困境也影响着男性，但是总体而言他们更易寻找其他选择。到 20 世纪早期，例如在孟加拉——印度次大陆主要工业地区之一，现代工业中高达 90% 的工作岗位（纺织、采矿、冶金）都由男性占据。女性的相对地位还有其在家庭内的权利都在下降。

英国官员很难承认这些问题。首先，他们来这里是寻求利润的，不可能出于对女性的人道主义关心而扭转帝国主义的经济利益。但是不管怎样，19 世纪时英国的价值观反对女性就业。英国工业领域虽然也有许多女性工人，但是中产阶级的观念很不赞同这种状况，担心女性工作会对性道德和家庭生活产生影响。到 19 世纪 50 年代，关于女性工作的条例出台， 84
被雇用的女性比例开始下降。在此背景下，很容易将印度女性脱离制造业劳动视为一大福利。殖民地措施通常还限制女性的工作领域，例如 1928 年出台的条例限制她们参与采矿。通过各种有形无形的殖民政策，女性工作机会的减少以及相对男性经济地位的恶化一直在持续。又以孟加拉为例，19 世纪 80 年代，女性占据制造和销售业劳动力的 25%，而到 1931 年这一比例下降到了 14%。传统的工作机会在减少（除农业外），然而新兴领域的工作也不可能找到。许多男性在找工作上相当灵活，但是女性通常局限于传统农村环境，而这里的工作劳动变得越来越边缘化。

在这一背景下，男性相对于女性的优势明显增加。此外，许多印度男性本身受到经济变革的冲击，通常十分憎恶把他们降到政治或军事上的从属地位的帝国主义措施，因而可能会寻求传统的或是新的相对女性所具有的优势，以补偿他们所经历的紧张关系。

由于英国经济和政治的入侵而造成的女性境况的根本性恶化，有助于解释为什么更为明显的文化接触产生的影响十分有限，同时也有助于解释为什么女性本身对待改革机会并不主动，至少到19世纪晚期是这样：重点是调整和生存，不是更彻底的革新。还有其他领域的接触，起初只是稍显端倪，但最终具有重要意义。

文化背景

在印度，英帝国主义伴随着一种熟悉的文化模式，即对一个臣服的和另类的民族的轻蔑和傲慢——发展出了极度的性别方面的轻蔑与傲慢。在英国人眼中，印度男人被看作是女性化的——这是从西方殖民统治下的中东到印度尼西亚的一种常见现象。19 世纪 30 年代的一位英国历史学家把印度男人与“勇敢无畏和精力充沛”的欧洲人做了比较。印度人被认为“毫无生气”、不具有攻击性、举止柔弱而胆小。总之，那是一个理想的服从民族，但几乎没有什么男子气概。作为印度教一部分的女神崇拜也增加了对性别方面的指责——这不是真正的男人会参与的活动。

这种性别看法最明显的结果是对印度潜在的反对或抵抗的长期轻视，之后造成了反抗发生时令人震惊的过度报复。对于 1857 年爆发的大
85 规模的印度士兵叛乱，英国并未做好准备，因为他们对印度男性的消极被动十分自信。然而这场叛乱不仅爆发了，而且引发了对一些英国女性的暴力和强奸行为，事件和看法之间的差距解释了这次异常残暴的报复行为何会发生，这次反击中更多的印度平民，包括女人和孩子被杀害了。

英国人的看法对印度人本身的影响很难揣度。大多数印度农民意识不到这类言辞。对于那些更多地了解英国态度的印度人来说，结果能够激起沉默的憎恨，并最终点燃了民族主义。

这些看法也对英国人对待印度女性的态度产生了影响，他们的态度甚至更为自负，而且还采取了一些直接行动。他们的通常看法是印度女性受到了严重虐待。（他们并不探究如何把这与男性柔弱联系起来；保持一致性并不是性别帝国主义的强项。当然，他们也没有兴趣探讨这一看法和英国政策对印度平民女性的实际经济影响之间的关系。）在这里，观念的

转变可能带来改革。

改革的动力：来自英国和印度

基于英国人对于本国所了解的标准，他们对于所看到的印度的一些男女关系很容易断言和感到震惊。詹姆斯·穆勒是18世纪东印度公司的主检员，他说道："没有什么能超过印度教徒对待女人的惯常蔑视了。"一个传教士公开在他居住的城市利物浦向一群做礼拜的女人募款，他称，"印度女人的境况"是"悲惨的，未接受教育的，她们只是为了负载或是被屠宰的动物"。诗人罗伯特·骚塞关注了这一问题，描述了殉夫习俗，即寡妇投身其丈夫火葬的柴堆里被烧死：

> 哦，多么残忍的画面啊！
> 你听不见她的哭喊，
> 她们的声音在那疯狂的不和谐中被湮没了；
> 但是你在她的脸上能看见祈求与痛苦，
> 看见在她肿胀的喉咙发出的绝望力量
> 那是挣扎着想要生存却又徒劳的努力；
> 她的胳膊在无谓的抗争中抱作一团，
> 现在全身伸展
> 朝向人群博取无效的同情：
> 人们强迫她接受这一切，把她与死人绑在一起。

甚至强硬的商务官员对于一些印度习俗也感到畏缩，因为他们认为试图干涉不会带来什么有利的政治或商业意义。但是逐渐地，尤其是英国 86
政府开始发挥更大作用后，一些明显的不和谐现象就需要解决了。

杀女婴现象很快引起了震惊和批评。1789年一位东印度公司的官员了解到杀女婴是一项广为流传的风俗，甚至也会出现在王侯之家——作为一种限制嫁妆要求和避免嫁不出去的女儿蒙羞的手段。英国居民想办法使一群贵族认同"这是一种极大的犯罪"，"虽然那是我们的习俗，我们还是要承认那是极其罪恶的”。开始时这种认同没有产生影响，但是英国的努力断断续续地一直持续到 19 世纪，主要是通过劝说的方式。逐渐地，到 19 世纪中期，殖民政府报告了不断取得的成绩，因为成活的婴儿男女比例开始持平。然而官员们一直存在着分歧，关于在多大程度上施压以及印度家庭观念是否应该被“西方化”，或者只是让它们遵循更为神圣的印度教原则，这里明显存在一种洋洋自得之意。正如一位官员所说，“我们正在阻止婴儿鲜血从不近人情的父母手中迸出”。

之后是殉夫习俗。根据英国人观念，仅因为丈夫死亡就要强迫，甚至允许一个女人烧死自己，这是十分罪恶的。这项习俗不是开始于印度教的早期阶段，而是始于后古典主义时期。它不是十分常见，因此它的象征性意义超过了在印度女人生活中的实际作用。但是它的确发生了，尤其在一些重要地区。殉夫有意强调女人失去丈夫后生活变得没有意义，当然还有印度教所宣扬的这个世界上的生命都是无甚意义的。这种牺牲是获得精神价值的途径。它也有助于避免寡妇的经济负担，这是个父权制度社会一直存在的问题。当然它还提供了一种戏剧性的，虽然实际上是非典型的印度社会中男性统治的例证。

到 18 世纪末，英国官员开始行动起来反对殉夫习俗。（实际上，早在 1510 年，葡萄牙在其印度殖民地果阿就反对过殉夫习俗，印度各邦的伊斯兰统治者也有过同样的行为。）他们的首要反应就是劝说：这项习俗看上去在印度教中根深蒂固（实际上比不受宗教支持的杀女婴习俗更牢固）。官员们偶尔会试图劝说寡妇走出柴堆，但是面对寡妇们的决意他们也经常失败。一些报告呼吁采取法律行动，但是政府却表现迟缓。也尝试了一些折中措施，例如要求对殉夫习俗严格管理以确保这种行为是完全自愿的，并且不允许孕妇为之。政府担心如果采取更为普遍的措施，印度教徒会抵制甚至是反抗，但是最终消除了迟疑，对殖民地加强管理，1829 年殉夫习俗被正式禁止。任何协助都将被视为谋杀。很少有人质疑。一些印
87 度男人发出请愿反对政府干涉自身权利，在英国统治时期殉夫还时有发生。在这项习俗由于英国压力而在一些王侯统治的地区彻底被禁止之前又延续了几十年——最后一例王室殉夫事件发生在 1861 年——但此时已

经有了真正的变化。

印度改革家的参与加速了这种改变，虽然印度教似乎认可这项习俗。这里的转变可能比英国的推动更加重要。许多接触了英国观念的印度领导者开始认识到改变是必要的。他们在性别方面的公正意识使他们对性别关系的重新定义持开放态度，同时也对英国对印度野蛮主义表现的炮轰感到了某些困窘。罗姆摩罕・罗易是19世纪早期的印度改革领袖，他迫切想要在许多方面重塑印度教。身为一名知识分子的罗姆摩罕一直坚持要求维护独立的印度文化，同时去除西方人眼中阻碍印度发展的特征。罗姆摩罕于1818年写了第一本反对殉夫习俗的小册子，那时英国官员正在讨论采用何种政策，而一些印度教领导者反抗殖民压力，声称保留殉夫习俗对宗教独立至关重要。罗姆摩罕反对完全的法律限制，因为这将有悖于印度权利，声称殉夫习俗实际上不受印度教原本教义的支持。他论辩道，这项习俗贬低女性，否定了她们“与生俱来所具有的优秀品德”。罗姆摩罕希望开展一场教育和劝说运动，针对殉夫习俗的同时，更是对关于女性的观念的调整，来逐渐消除这项习俗；他担心彻底的禁止可能会遭到反对。然而，他与英国人有一个共同看法，即某些印度习俗是残忍的，但是他缓和了批判语气，声称原始纯粹的印度教并没有这一污点。因此，当1829年法令最终通过时，罗姆摩罕也称赞了这一举措。他感谢英国人的禁令，欣喜于“对女性十恶不赦的残忍罪行可能一去不返”，为了支持他更宏伟的目标，补充说，“印度教古老而纯洁的体系不该再受到印度教徒本身的轻视”。他强烈支持英国拒绝印度人的请愿。

改革的轨迹继续攻击印度婚姻习俗，英国一直对印度教传统施加压力，同时鼓励印度教领导人调整并更新其宗教律法。印度教传统长期以来禁止寡妇再婚，尤其是在上层阶级；目的是强调女性与丈夫的联系，也为了阻止丈夫财产的流失。然而，这个后果是毁灭性的，没有什么生计的寡妇可能会陷入极大的贫困，甚至会耗尽亲人的钱财。如果婚姻是孩童时期就安排好的——这是上层社会常见的习俗，问题就更复杂了，因为处于这种境况下的寡妇甚至还未成年；她的余生都会很惨淡。英国官员按自己 88
社会的标准会鄙视这种孩童时期安排好的婚姻，但是在是否去干涉问题上却很迟疑。然而,寡妇问题是一个更集中、更麻烦的问题,确实引起了注意。1859 年颁布的一项法令使寡妇再婚合法化,也使此种关系下出生的孩子合法化。然而,去世的丈夫的财产要传给他本人的下一任继承人;再婚的寡妇没有所有权,但仍可拥有她自己的财产。讽刺的是,这种结果伤害了之前不被严格的印度教法律约束的女性(因为她们阶层低,或者她们所居住的特殊地区)——这是另外一种文化接触造成不可预见的损失的情况,由于相关传统的复杂性和“现代”标准的限制。新的法律引起了接下来几十年里的一系列英国—印度法庭案件,主要是关于财产问题。1937 年颁布的一项法律最终修改了法条,允许寡妇即使再婚也可以分得前夫的一部分财产;1947 年印度独立后颁布了更为平等的法律,使财产分配更加平均。

英国改革者明显打算废除他们认为的印度传统中最不利的方面,因为按照西方标准,这些都为女性施加了负担。他们的行动很谨慎,影响也常常有限,在某种境况下恶化了女性的处境,但是一些传统的印度习俗被重新考虑。同样重要的是,印度改革者本身受到刺激而以新的方式思考性别问题,这种趋势在日后被放大。

然而,改革措施不考虑女性自己的声音。英国和印度的领导人都不认为女性的意见值得重视;只需要出于父亲般的关怀对她们采取措施就可以了。因此我们无法得知女性是如何看待最初改革的,或者她们在多大程度上受到影响。总之,这几十年的文化接触,一方面受到恶化的经济情况的缓冲,另一方面由于改革者的迟疑和英国人本身的态度,产生的影响比较局限。

夫人和女人们的声音

另一种文化接触形式发展于英国殖民统治的第一个世纪或者其后的一段时期:英国女人在印度的出现。产生的结果也是有限且矛盾的。

英国政策开始时不鼓励妻子随丈夫去印度,因为那里的生活艰苦而乏味。许多男人娶了葡萄牙或别国的女人。然而,18 世纪末,英国东印度公司政策转变了，补贴那些愿意去印度、有冒险精神的英国女人，看看她们是否能够找到丈夫。到19世纪，一群引人注目的英国妻子居住在印度，那些上流社会的妻子被称作“夫人”。她们的生活主要是向一群印度仆人发号施令，她们不会说他们的语言。随着时间的流逝，她们对印度文化的包 89
容度在减少，英国越来越繁荣，建立了一处处独立领地，在那里，欧洲习惯与对印度气候的适应相得益彰。日常生活以社交礼仪为主，有时会通过晚宴来增添色彩，晚宴的食物是印度式的英国菜，是当地人在夫人们从不踏足的户外厨房做的。生活俨然变成了对英国家庭理想的某种讽刺，那些一本正经却又相当无用的女人，关注家庭和社交场合，与外部世界的现实隔离。行政部门长官的妻子们被形容为是无趣的：“长官的妻子们通常安静而毫无生气，说话低声细语，只是总是打扮得高贵淑女。”

这一欧洲群体有何影响并不清楚，虽然历史学家们激烈地讨论过。印度仆人显然了解了欧洲女人的许多特点，但是似乎没有什么令他们喜欢的方面。他们的厌恶不能像夫人们对印度的态度一样公开表达，但是同样很强烈。

然而，这种情况并非一成不变。到19世纪晚期，越来越多的低层行政职位由印度人担任。这可能带来印度人与英国女性有限的、初步的交往，由此，他们了解到更多与性别有关的欧洲社会习俗。更重要的是发生在英国女性身上的变化。19世纪晚期女性的激进主义倾向甚至使社会改革势头渐长，这对家庭理想是一种补充。起初只是个别女性，之后是更大的群体，把这一新领域的活动带进了她们在印度的生活中。其中也包括越来越多的其他英国女性，尤其是传教士，但她们完全不参与夫人们的隔离生活。

个别英国女性开始争取在印度生活的各个方面的改变，从健康状况到婚姻。国内对女性权利越来越多的关注不可避免地转化成了对殖民的性别状况的关注。例如，与丈夫一同驻扎在边远地区的弗洛拉·斯蒂尔，决定把生活重心转向外部世界。她学习当地语言，并且全力地为其他夫人们提供关于印度方面的积极的信息，还鼓励开展女性教育——一场在西欧进行，如今延续到殖民地的运动。她创立了一所女子学校，并担任全邦女子学校的监察。传教士也为赞助教育做出努力，开始于1818年成立当地第一所女子学校。到 1901 年，得到政府的支持，5 628 所小学和 467 所中学接收了 44 470 名印度女学生，并提供教师培训。

20 世纪，这种积极改变在不断地增强，英国、美国和其他国家的女性来到印度宣传女性健康和教育。此时女人们也带来了一种新的生活方式，
90 她们以新时尚、化妆品、新型的舞蹈和聚会来愉悦自己。此时，女性也在为鼓励印度护士和助产士接受西方医学培训做出努力。哈丁女子医学院于 1916 年成立，其员工均为印度女性，1922 年另外一所女子医学院在马德拉斯建立。

新的改革尝试经常会遇到殖民政府的迟疑不决和印度男性的反对，其中还包括一直认为女性应该处于次要地位的改革者们。这不只关乎男权问题，因为许多学校教授西方餐桌和服饰礼仪，同时宣扬基督教，或者至少是宗教中立。印度女性本身也反对文化交流的这些方面。此外，在印度的广大人口中，甚至最成功的改革尝试也只触及极少部分的城市上流社会阶层。

在印度的西方女性角色上的变化成为受教育的印度女性的新的呼声。例如，在 19 世纪 80 年代，潘迪塔·罗姆贝伊发表了（在美国）对印度女性生活的严厉批判的作品，主要聚焦上层阶级，批评了英国官员的麻痹和印度教传统。一方面是受到姐姐不幸福婚姻的刺激，其姐姐的婚姻是童年时期被安排的，且印度教社会不允许逃避；另外，罗姆贝伊也受到去英国旅行时所看到的迥然不同的家庭模式的影响。她攻击的对象包括殖民地和印度教。她对禁止杀女婴的法律的执行不力进行抨击，例如，她指出 1881 年的人口普查中男性人口比女性人口多 500 万。她描绘了大多数婚姻的奴役性，包括经常的性虐待，声称印度教法律视女性与动物和奴隶为一类。这种独立的呼声很少，但它们清楚地反映了通过教育和旅游与西方观念的接触对一些印度女性的影响。

到 20 世纪早期，许多女性刊物在印度发展起来，它们用印地语或者英语书写，其中对印度婚姻习俗的女权主义评价尤为突出。例如，一位女性在一篇文章中写道：

> 一个如恒河水一般纯洁的年轻女孩嫁给了一个有着几个成年儿子和女儿，并且已经身为祖父的 67 岁鳏夫。这样的婚姻在社会上很常见，正是凭借男人能够抛弃女人这一习俗，还有，如果旧鞋破了就换另一双，为什么要洗破旧的衣服，为什么要为女人哀叹？

到此时，受过教育的印度女性产生了自身革新的动力，这反映了受西方影响但是又不再依赖明确的西方模式。

基督教传教士在影响印度性别标准时所做的努力表现出了同样的复 91
杂性。到 19 世纪中期，少数的上层阶级印度女性会因为基督教中的性别信息而皈依。例如，一个人写到，对基督教的认识，连同其所声称的精神平等，使她意识到在印度教传统内“作为女人的绝望处境”。一些女性就她们的发现发表了强有力的论述。到 19 世纪晚期，出于相似的原因，也出现了一些下层社会对基督教的皈依。但是她们与在印度的欧洲基督徒女性的关系通常很令人失望，因为欧洲女性很少会因为信仰同一宗教而消除她们居高临下的种族歧视态度。此外，19 世纪的基督教有自己的约束，例如在性行为自由度方面，许多印度女性认为这有损人格。这里正如普遍的改革尝试一样，与欧洲人的接触能够带来真正的改变，但是还不足以产生另外一种完全能被接受的模式。

民族主义和改革

争取民族自治和最终独立运动的崛起反映了 19 世纪晚期印度与西方接触的许多模糊性。早期的民族主义运动由男性发起。他们深受西方政治理想的影响——国家和民族忠诚的观念本身就是借鉴来的，但是他们没有对性别问题高度重视。欧洲民族主义本身一直是男性主导，注重政治和军事改变，但是基本在女性问题上希望维持现状。印度民族主义也强调印度传统中许多方面的合理性，包括印度教，这可能会进一步限制涉及男女角色和关系改变的接触。但是民族主义者的确看到了需要对印度教做出一些改变以创造一个现代的国家，这个国家在外国观察者的眼中是值得尊重的，并且能够缔造出团结一致的新气象。

许多民族主义的改革运动继续把女性的角色定位为妻子和母亲，而不是独立的个体。他们敦促女性健康，甚至教育方面的进步，但只是为了改善家庭服务。许多人强调好学校的必要，攻击不能为女性教育提供资助和严格标准的殖民政府（相当可嘉的一项指控），但是他们推行的主要是宗教（印度教）教育。一些人支持开展一些家政培训作为补充。他们认为教育能够帮助女人与受教育的丈夫相处，提高作为母亲的资质，而不是认为教育能够提升女性个体或是让她们为新工作做好准备。这也是一个西方关于女性教育争论的紧张关系，但是印度当地的讨论转向了更为传统的观点：

92 女孩的教育特点应该与男孩的教育在许多基本方面都有所不同……我们给予女孩的教育不应该使她们失去性别特征。

受过教育的印度教徒对印度女性目前的状况感到痛苦与悲伤，他们不会让自己的女儿和妹妹们像欧洲女孩一样到外面去寻找工作，更别说她们生活状况中可能发生的其他过分行为了。

甚至这种迟疑不决的态度也会产生影响。上层等级的印度人，不论男女，逐渐开始习惯于对女性进行某些教育的观念。个别女性开始在民族主义改革运动的范围内活动，建立学校，一些人还十分成功，培养了越来越多的教师。改革运动还附带产生了各种女性组织和俱乐部。男性领导人尽管就女性及其职责维持着相当传统的观念，也迫切要求其他改变，包括限制童婚、进一步赋予寡妇权利，这些对于创造一个关乎所有人的更健康的家庭环境至关重要。

这些尝试性的开始随着 20 世纪的推进，逐渐发展成了全面包含女性教育、政治和法律权利的民族主义。甘地，这位 20 世纪 20 年代之后鼓舞人心的领袖，积极呼吁对女性的支持。无数女性，包括上层阶级的女性（受过良好教育），加入到示威游行中，首次积累了政治经验。非暴力抵抗方法的所强调的，在说服女性打破家庭禁锢尝试其他活动方面起了很重要的作用，此时古老的深闺习俗开始瓦解（见第三章）。甘地称，“印度的救赎要依赖印度女人的奉献和启蒙……男人和女人是一体的，他们的问题本质上是同一的。双方的灵魂是同等的”。但是还是有一个条件：“母亲的职责，这一大多数女人都需要承担的职责，要求她们具备一些男人不需要拥有的品质。女人是被动的，男人是主动的。”甘地在明确灵魂平等的观念以及鼓励高质量的教育时，不动声色地修订了印度教，但他仍然与旧传统有着联系。

1947年印度独立时，女性获得了选举权和平等的公民法律地位，能够担任由选举产生的任何职位。1955年，印度婚姻法赋予女性离婚的权利，并将女性最低婚龄提高到了15岁。其他措施给予女孩和男孩一样的继承权。到1956—1957年，40%符合条件的女性选举人参加了投票选举，少数女性通过选举进入了国家或邦议会。

结 论 93

文化接触对印度女性过去和现在的影响都是十分复杂的。英国的压力和榜样有助于展开针对许多传统习俗的争论。殖民接触以及个别西方女性在印度所做的努力帮助推进了其他改变。然而英国人对改革的热情有限，由于他们的主要兴趣在于殖民利润和稳定，以及对女性家庭职责的一贯坚持。印度的反应也同样复杂。与西方有关联的改革会触发反对。印度民族主义的某些方面与对传统职责和理想的重申联系起来。整个接触还在很大程度上受经济变革的不利模式影响，尤其是涉及广大印度农村人。

接触的其中一个结果是老生常谈：推动了文化融合。很少有印度女性皈依基督教；她们在原有的宗教里寻求改变或连续性。许多受过教育的城市女性十分了解西方价值观，并且迫切反对传统压迫，然而却继续接受某些习俗，如包办婚姻。一些人甚至称这一习俗解放了女性，相比较西方女性需要精心打扮和节食来创造美丽外表以俘获男人而言，很少有印度女性能够接受完全西方化。这是界限明确的文化之间接触的标准特征之一，但是由于与西方长期接触中的限制和复杂性而被加深。

最后，变化是不平衡的（如在 20 世纪时世界上的所有社会中）。印度承认了许多西方式的法律和政治权利。但是，随着 20 世纪 80 年代印度教的宗教激进主义的兴起，殉夫和杀女婴或者忽视女童现象仍会偶尔出现（虽然它们有悖于印度法律），还有因嫁妆不足而引起的暴力，表现了少数极端主义男性群体对婚姻评价标准的坚持。印度关于性别的现代模式还是一个混合体，没有完全达成一致。国家在传统和改变之间的紧张情况与其他社会一样，包括西欧和美国，只是具体之处各有不同。

延伸阅读

由于女性主义研究理论和反对英国进步影响的简单模式的反应，近年来殖民主义下的印度男女一直饱受争议，见：Kumkum Sangari and Sudesh Vaid（eds）, *Recasting Women. Essays on Indian Colonial History*（New Delhi: Kali for Women, 1989; New Brunswick, NJ: Rurgers University Press, 1989）; Mary Ann Lind, *The Compassionate Memsabibs. Welfare Activities of British Women in India*（New York: Greenwood Press, 1988）; Rita Kranidis, *Imperial Objects. Essays on Victorian Women's Emigration*
94 *and the Unauthorized Imperial Experience*（New York: Twayne Publishers, 1998; London: Prentice Hall International, 1998）; J. Krishnamurty, *Women in Colonial India. Essays on Survival, Work and the State*（New Delhi/New York: Oxford University Press, 1989）。

关于印度男人和殖民主义的研究，见：Anne McClintock, *Imperial Leather: Race,Gender and Sexuality in the Colonial Contest*（London/New York: Routledge, 1995）; Graham Dawson, *Soldier Heroes: British Adventure, Empire, and the Imagining of Masculinities*（London/New York: Routledge, 1994）; Mrinalini Sinha, *Colonial Masculinity: The "Manly Englishman" and the "Effeminate Bengali" in the Late Nineteenth Century*（Manchester: Manchester University Press, 1997）。参见：Ann Laura Stoler, *Carnal Knowledge and Imperial Power: Race and the Intimate in Colonial*

Rule（Berkeley, Calif.: University of California Press, 2002）; Revathu Krishnawamy, *Effeminism: The Economy of Colonial Desire*（Ann Arbor, Mich.: University of Michigan Press, 1998）; Clare Midgley, ed., *Gender and Imperialism*（Manchester: Manchester University Press, 1998）。

第八章

西方影响和区域反应：波利尼西亚和非洲

95 19世纪，西方与太平洋群岛、大洋洲以及撒哈拉以南的非洲接触进一步加深。18世纪，西方开始向太平洋地区渗透，例如波利尼西亚——包括以塔希提岛和夏威夷群岛为主的岛屿；19世纪20年代之后开始了频繁的商业、传教和殖民活动。这些地区长期与世界其他地区相分隔，因此外来入侵尤具有吸引力或破坏性。从19世纪五六十年代之后，西方殖民主义在撒哈拉以南的非洲加速发展。这些社会长期与世界其他地区保持一定的接触，但此时西方政治、宗教和商业的渗透强度是史无前例的。在波利尼西亚和非洲，对西方影响的基本调整，包括对美国和西欧，一直持续至20世纪的前十年。

西方与波利尼西亚和非洲的交流，对当地的性别关系有着深刻影响，大体上比与印度的交流更加深刻。不同的传统、权力地位和西方模式都发挥着作用，虽然印度拥有殖民背景。许多影响与早期在美洲形成的影响类似，这尤其要归功于基督教传教士所做的重要努力。正如在美洲的情况一样，当地人对传教活动反应不一；一些人，包括许多女性在内，受到强烈吸引，然而其他人反感对他们传统性别身份的干涉。到19世纪时，西方典范与之前呈现给美洲原住民的也有所不同，包括更严格的性规范和对男女不同家庭职责合理定义的更坚定的坚持。此时它也伴随着更广泛的经济掠夺，因为工业化的西方比16、17世纪时商业式的西方更能迅速地渗透本土经济。这种发展强化了文化交流的影响，对印度产生了更大的影响。

19世纪到20世纪早期，波利尼西亚和非洲模式不同于同时期印度模式的主要原因之一是前者更多地受到传教活动的影响。大多数印度人一 96
直信仰印度教或伊斯兰教，西方干预的影响虽然很显著，但也明显受到限制。（西方干预也在非洲伊斯兰地区受到同样的限制，当地人没有被基督教传教活动所吸引。）在波利尼西亚和非洲，西方殖民统治者充分发扬了他们的文明教化使命的信念——即著名的“白人的负担”——启蒙“落后”民族。

西方传教士和殖民地官员们的政策，将如我们所见，并不一样，尤其在非洲——但他们无疑都认为他们在改善女性的命运，这是西方标准所蕴含的一部分益处。的确存在一些潜在的积极改变，还有迹象表明当地人受到西方模式某些方面的吸引，但是近期的学术研究，包括女性对自身的评估，都强调了西方入侵导致的破坏和恶化。长期建立的传统制度被善意的改革和不太善意的经济掠夺所破坏。结果当然并没有被完全西方化，因为当地人保留了过去的一些重要元素，此外也对可能造成的破坏做出了反应。但是在不同的群体以不同方式做出调整时，还是有一些改变和新的分歧。其中之一，关于性别问题的争论加剧了当地与外来文化数十年接触的混乱局面。

波利尼西亚和非洲与外来文化模式的互动，影响了整个世界重要地区的人类历史，其复杂性也丰富了当代西方对性别关系影响的内容。互动模式涉及当地许多具体传统，例如波利尼西亚的性别禁忌，或者非洲对大家庭关系的依赖。这些模式也包括类似美洲和印度个案中熟悉的元素，首先是西方的公开意愿和实际结果之间的差距。如早期个案一样，新的模式也包括外来标准与发展完善的传统性别体系的混合。回顾早期个案，在了解细节之前，我们应该可以预测到一些主要的交流方式。关于西方模式最吸引人的是什么？最具有破坏性的是什么？传教士和帝国主义者很少思考历史的微妙之处，十分确信他们服务于不容置疑的文明标准，但是借鉴之前的案例，历史分析家现在能研究得更透彻。

波利尼西亚

波利尼西亚一些地区的主要统治者，例如夏威夷的国王卡美哈梅哈，很早就对西方标准印象深刻：如果不论别的，西方航海技术的卓越先进性
97 就足以留下印记。他们很早就对西方式改革产生了兴趣，可能是为了加强区域王国，或者只是避免在欧洲人那里显得尴尬。同时，西方性别模式和当地传统之间的差异十分明显，使男女关系的改革变得刻不容缓。正是在这样的环境下，卡美哈梅哈死后不久，他年幼的儿子决定结束禁止男女在一起吃饭的传统禁忌。1819 年的宴会上，他专门加入女性所在的餐桌，宣布“禁忌结束了……神启是谎言”。

欧洲和美国传教士接踵而来。除了缺乏基督教信仰之外，让他们非常痛心的还有当地女性的境况。着装和性是重要问题。因为青年的性自由传统，大多数西方人认为波利尼西亚女人十分堕落；许多人认为过早和混乱的性行为是女性堕落的一个标志。因此，不仅出于礼仪的需要，还有对女性本身也很重要的是，要求女性改变着装，衣服要能遮盖裸露的身体。还有其他转变，例如减少像夏威夷草裙舞这种挑逗性的传统舞蹈。传教士也要求终止依赖堕胎和杀婴这类惯常手段来控制出生率。在现代西方人眼中，约束性行为应该能起到作用。堕胎长期受到西方的宽容，但是到 19 世纪二三十年代，为了防止过度性行为，它被宣布是不合法的。夏威夷人反对许多这样的改变，但是随着时间推移，逐渐适应了比如改变着装风格这类事情。传教士和传教士的妻子对当地做法仍持怀疑态度，但是到 19 世纪 40 年代，宣布他们的努力取得了成效。

对年轻女性，甚至一些成年人的正式教育进行得更加顺利。许多人似乎感兴趣，不久之后传教士老师评论说女孩“迫切地渴望学习”或“快乐地复习功课”。虽然传教士特别希望男性皈依基督教，作为家庭合适的领导者，但许多女性起了带头作用。传教士似乎为女性带来了新的出路，虽然传统的多神论宗教赋予了一些女性领袖重要的角色。

传教士也要求工作角色的改变。他们惊骇于女性在家庭之外承担的

工作量，认为男性游手好闲，而女性对家庭的照顾则不够。在他们眼中，一个和谐的家庭是男人提供基本收入，女人保持家里干净并照顾孩子。农业工作对“女性这种性别是不合适的”，“是贬低女性并且有损其道德提升的”。因此，格外重视提高女性如缝纫一类的技术（它的优点是能够制作“体面”的衣服），男性则下地干活。一个明显的结果是，与传统波利尼西亚标准相比，男女经济权利之间的不平等性日渐加大，这一结果被传教士
对女性应该遵从丈夫权威的坚持所夸大——这是当时欧洲和美国所流行 98
的标准。

最后，传教压力还触及了更多家庭传统。合理的家庭模式是核心家庭，多个成年人共同照顾孩子的旧观念受到了强烈抨击。

不断进行的改革运动减少了波利尼西亚女性之前在生活中所拥有的诸多控制权。由于传统方法受到禁止，更难控制出生人口或是儿童数量。照顾儿童的责任更多地落在了女性身上。女性受教育机会虽然有所增加，但所产生的影响却被更有限的工作机会抵消了。总之，与西方标准不断接触的结果既令人困惑又矛盾。一方面很难抛弃大量传统变得完全西方化，另一方面也不可能维持传统习惯而不做出改变。西方榜样的力量和自信无可动摇，甚至很少有正式的反抗。只有依靠不同群体的男性和女性来弄清楚何种组合行得通。

当然，之后西方模式本身也会变化。19 世纪末期旅行者的到来，带来了消费主义和性观念的新模式。现在一些西方游客乐于从真实的或幻想的波利尼西亚人对性欢愉和诱惑性舞蹈的兴趣中获得享受，这意味着，和最初数十年的交往相比，一些相互影响正在发生。女权主义运动在鼓励关注新权利上也有所成就。调整的过程一直持续到 20 世纪。

西欧和波利尼西亚之间的接触模式同样发生在新西兰，在那里毛利人构成了波利尼西亚人的一个庞大群体（波利尼西亚人于 1150—1450 年迁徙至新西兰，尤其是北岛）。同其他地方一样，西方接触首先以分散贸易的形式发展，没有产生什么文化影响，但是 1814 年后殖民化进程加速，天主教和新教的传教活动也迅速随之而来。

几个熟悉的因素加速了欧洲影响。毛利人的社会和政治结构受到欧

洲入侵的严重破坏，包括对土地的大范围掠夺。疾病夺去了很多人的生命。到 19 世纪 50 年代，毛利人口大幅下降（至 56 000 人），到 1896 年进一步下降到 42 000 人。包括传教士在内的欧洲人带来了引人注目的文化典范，还有明显更具生产力的农业方法，这些很难完全抵制。到 19 世纪 50 年代，大多数毛利人至少成为名义上的基督徒。

也有一些特别之处。毛利人的传统一直是一夫多妻制和牢固的父权制度，如同波利尼西亚其他地区一样。但是对男女接触的禁止，比如一起吃饭，并不那么强烈。欧洲人批判毛利人让女人处于从属地位，但是实际
99 上他们不了解多神宗教赋予女性极大权利，尤其是和性相关的权利。欧洲要求一个更加西方化的性别差异，女性只限于家庭职责，但是在道德行为方面受到褒扬。新西兰还有另一个与众不同的方面：在北岛的一些地区，毛利人的领导体制长期相对管理良好，19 世纪 60 年代，能够对英国殖民政府发起实质性的（即使最终是徒劳的）反抗。殖民政府要求同化的压力愈加强烈，1879 年完全控制了毛利人的教育。然而，仍留有余地保留某些当地习俗——例如普遍的男性文身习惯，以及毛利人宗教传统与基督教的混合。直到 20 世纪，还有个别毛利女性声称具有预言和宗教启示的能力，这赋予了她们极大的政治话语权。欧洲人对毛利人家庭传统的看法相当严厉，但是想要实现和平的种族关系的愿望，在某种程度上平衡了他们惯常的爱评判习惯。然而，要求同化的压力一直存在，尤其当一些毛利人开始迁入不断发展的城市中，以及通婚现象增加时。

新西兰的状况也推动了关于男女关系法律的早期革新。在许多西方殖民社会，欧裔女性人口长期不足，她们在农业新领域的劳动格外有价值，19 世纪下半叶，性别改革运动如火如荼地进行。1893 年，新西兰成为第一个赋予成年女性选举权的国家，其他法律在工作机会和离婚方面为女性提供了更多的平等权利。这些发展并不是欧洲人和波利尼西亚人文化交流的直接结果，但是有助于 20 世纪期间的同化过程。

撒哈拉以南的非洲

19世纪中期之后，性别问题在非洲与西方的接触中并不像在波利尼西亚那么突显。强国竞争、疯狂的经济发展和对非洲奴隶制的攻击似乎都更加重要。基督教传教士和殖民官员的分歧使欧洲和非洲的接触变得复杂化。传教士很快开展了与在波利尼西亚相似的计划，在完全不同的传统背景中注入西方式家庭理想。然而，殖民官员不想冒遭到非洲人反对的风险，因为他们的目标是政治稳定。因此他们不急于去规范传教士认为明显需要修正的行为。

虽然性别情况在撒哈拉以南广袤的次大陆的不同地区各不相同，但
总体而言，女性在殖民接触前一直拥有各种权利形式。她们经常从事各种
农业劳动，承担销售商品的重要责任。一些女人担任酋长，因为政治权力 100
不只局限于男性；还有一些女性拥有宗教职能。女性经常建立联盟，获得
非正式政治话语权；女性参加抗议活动是这里的一个稳定传统。在家庭
结构方面，许多部落重视母系制度，或按母系制继嗣。

按照现代西欧标准，这些传统是行不通的。殖民官员和传教士意在提升男人工作的重要性，他们是采矿和商业性农业生产的劳动力来源，也是政府新税收体系的基础。女性的传统工作角色似乎太过繁重，同时还分散了她们照顾家庭的注意力。遵照这种精神，1929年在现加纳地区的一项法律规定把女商人和妓女监禁在一起。政府施加了很大压力把女性局限在少数工作上，通常是与家庭相关的工作，同时也扩大了男女经济角色的差距。当商业压力迫使男人离开家为矿业和城市工业提供劳动力时，这一差距越来越大。非洲女性在经济上变得更具依赖性，尤其是当传教士要求她们成为温驯的家庭主妇时。政府还开展了许多项目，协助女性成为"贤内助"或者"贤妻良母"。

女性政治权利也被削减。英国殖民政策攻击有女性出席的地方议会，同时非洲女人参与的抗议活动，例如反对新税收，遭到了强烈的，有时甚至是残暴的镇压。按照殖民者的观点，女性不应该拥有政治权利，应该有严

格的指令进行性别改革和维护公共秩序。许多西方官员评论非洲男人是“妻管严丈夫”——如果是他们的妻子维持日常公共职能的话。

在传教士的推动下，各种家庭传统都遭受了攻击，一些攻击言论逐渐成为殖民管理条例。如同在波利尼西亚，明确的目标是推行核心家庭的模式。包办婚姻，尤其是女孩年幼时做的安排，以选择自由权的名义遭到反对。法国殖民法令逐渐采取行动反对童婚，同时要求成年后的婚姻需要经双方同意。一夫多妻制遭到强烈反对。如果婚姻失败，则允许女性回到娘家，以及让寡妇嫁给亡夫兄弟以巩固和支持家庭的习俗，也受到了攻击，有时是法律上的攻击。

西方模式当然也促进了对女性的正规教育的发展，虽然有时这类教育因倾向于教授缝纫等家政技巧而变了意味。到 20 世纪早期，女子学校在非洲不同地区成立了，强调诸如“一种健全的道德、文化和工业教育”的理念。许多女学生希望成为教师或者护士，但是到 20 世纪 30 年代，也有少数人尝试涉足其他领域。1934 年，一名尼日利亚女人从牛津大学毕业，
101 1935 年，第一位女性律师在尼日利亚执业。

尽管有来自西方的要求注重家庭的压力，教育还是能够激发新型的经济活动以及新类型的女性组织的产生。20 世纪 20 年代，一个女性联盟在尼日利亚的拉各斯成立，主要督促政府对女性教育、公共健康和卖淫行为等采取行动。

大量关注集中在性行为问题上。欧洲种族歧视观念倾向于强调非洲的过度性行为。他们对让欧洲女性定居非洲这件事有很大的忧虑，因为担心可能遭到“性威胁”。此类担心发展到了试图控制女性行为的地步，尤其在城市地区。正是因为对女性经济活动新的限制，一些非洲女性的确变成了城市里的妓女，她们成为诸多忧虑的目标。正是在这一背景下，一些殖民政府通过立法反对女性通奸行为，男性行为则不受影响。许多非洲基督徒，无论男女，共同加入了控制性行为的努力，作为虔诚宗教信仰的表现，非洲城市的男性也普遍发起了类似运动。这里，既有宗教原因和想要体面的愿望在起作用，同时也有男性试图加强在任性的妻子和女儿面前的权威形象的努力。许多非洲男人深刻感到他们经济上的不稳定性以及

受雇于西方商业公司时经常居于次要的，甚至是被隔离的工作岗位。强调男性对女性的权威是对他们明显的补偿。在此背景下，轰轰烈烈的改革运动可能抨击的不仅是妓女，还有穿着挑逗性欧式服装并使用化妆品来模仿另一套西方标准的其他女性。因此罗得西亚（今津巴布韦）南部的一个男性群体抨击“涂脂抹粉”的女人，并呼吁禁止女人进酒吧。

> 过去女孩被父母保护直到完全成年，但是现在看上去她们可以做自己喜欢的事情……事情本不应该是这样的，她认为成年了可以不受父母的控制了。城市生活吸引着她，她很快就堕落了。

非洲对于西方性别模式的反应各式各样。一些人欢迎基督教和新颖的教育形式所带来的新机会。其他人显然被消费标准所吸引。然而，大部分变化很少能补偿明显的损失——如果它们的确有所补偿的话。女性寻求教育，有时是新类型的工作，部分原因是对丧失更多传统经济活动所做的反应。新的妇女联合会，虽然有时会加入西方女权主义所带头的一些请愿活动中，还是无法与殖民时期之前女性所行使的政治权力相比。非洲男人，也受到来自西方的文化和经济压力的影响，但是的确在家庭内获得了较大的经济权利，包括对财产的控制，这要归功于西方个人所有制法律的 102
殖民输入。另一方面，一些非洲女性从她们新的西方式家庭主妇的角色出发开始要求改革。例如在赞比亚，女性开始抗议对她们的忽视和暴力行为，利用殖民当局的道德、法律观念赢得家庭生活地位的改善，虽然她们的传统地位已不保。其他女性公开坚持“丈夫养家糊口的职责”，明确她们的体面地位是“居家作为家庭主妇的权利”（1913 年南非一个中产阶级女性团体抗争时所使用的术语）。当然，许多非洲人就改变还是维持男女关系的传统之间的平衡关系存在争议，许多人困惑于究竟该采取何种标准。

与欧洲的接触，不单从男女关系方面，或仅仅从经济变化方面影响到非洲男性。女性气质在这里要比亚洲情况时提及较少，可能是出于对非洲男人性行为更大的种族主义恐惧。但是非洲男性理所当然被认为是弱势的，甚至是孩子气的——这就是为什么他们经常被称为“男孩”的原因。由此，虽然欧洲对非洲女性的教化提高了男性的家庭权利地位，但他们对待当地男性的总的态度观念会削弱这里的男子气概。不足为奇的是，一些非洲男性通过酗酒和虐待女性来展示男性雄风，以弥补受到的蔑视。

性别问题不可避免地深入到了20世纪前几十年所形成的非洲民族主义运动中。一些民族主义者认为，国家的事业须服务于两性关系的进步，有时发出响亮的宣言，倡导此观念。许多非洲女性广泛参与民族主义风潮，认为脱离殖民控制的独立会改善她们的命运。但是改善应该如何被定义并不总是清晰的：是对原有状况的回归，还是新女权主义权利的到来？而原有状况是什么样子，人们已经记忆模糊了。对于男性民族主义者来说，性别问题本来何时都不会是首要问题，他们可能会维护某些非洲女性目前所反对的传统性别模式。因此一夫多妻制可能会被赞誉为传统非洲文化的一种表现方式，同时也是在男性不足的环境下对女性的一种保护。肯尼亚伟大的民族主义领袖乔莫·肯雅塔也为女性割礼辩护（“仅仅是身体的残缺”），不是因为它约束了女性的性行为，而是因为它是家庭和部落稳定的不可缺少的部分——对蕴含“大量教育、社会、道德和宗教意义”的制度体系必不可少。一些民族主义运动最终因受到欧洲傲慢态度刺激而爆发出猛烈的攻击性。但换句话说，民族主义也很难化解西方干预和典范对现代非洲性别角色问题带来的压力。

103 结论

西方模式加上经济压力，极大地改变了波利尼西亚和非洲的性别状况，削弱了许多传统。同时，在波利尼西亚和非洲，很少有人能完全接受西方标准，而这些标准本身也并非始终如一。大多数学者现在认为女性在此过程中的损失大于所得，尤其是在相对经济权利和非正式政治职能等领域。同时，西方标准也提供了一些补偿办法，例如女性知道了教育和社团能给她们带来的益处，并且对一些于她们不是很有利的家庭习俗有了新的看法。男人们所承受的文化和经济压力使情况进一步复杂化，由于男人们的男子气概经常受到西方观察者的批判，他们也在寻求男子气概的新的表现方式。

延伸阅读

关于波利尼西亚，见：Patricia Grimshaw，*Paths of Duty. American Missionary Wives inNineteenth-Century Hawaii*（Honolulu: University of Hawaii Press, 1989）; Victoria S. Lockwood, *Tahitian Transformation: Gender and Capitalist Development in a Rural Society*（Boulder, Colo.: Lynne Rienner Publishers, 1993）; Alan Moorehead, *The Fatal Impact: The Invasion of the South Pacific, 1767–1840*（New York: Harper & Row, 1987）。

关于新西兰，见：Geoffrey Rice（ed.）, *The Oxford History of New Zealand*（Auckland/New York: Oxford University Press, 1992）; Barbara Griffiths, *Petticoat Pioneers: South Island Women of the Colonial Era*（Wellington: Reed, 1980）。

关于非洲，见：Elizabeth Isichei, A *History of Christianity In Africa, from Antiquity to the Present*（Grand Rapids, Mich.: Eerdmans, 1995）; Ellen Charlton, Jana Evertt and Kathleen Staudt（eds）, *Women, the State, and Development*（Albany, NY: State University of New York Press, 1989）; Wunyabari Maloba, *Mau Mau and Kenya: An Analysis of a Peasant Revolt*（Bloomington, Ind.: Indiana University Press, 1993）; A.D. Roberts（ed.）, *The Cambridge History of Africa, 7, 1905–1940*（Cambridge/New York: Cambridge University Press, 1986）; Ifi Amadiume, *Male Daughters, Female Husbands. Gender and Sex in an African Society*（London: Zed Books, 1987）; Margaret Strobel, *Muslim Women in Mombasa, 1890–1975*（New Haven, Conn.: YaleUniversity Press, 1979）。参见：John Noyes, *The Mastery of Submission: Inventions of Masochism*（Ithaca, NY: Cornell University Press, 1997）。

第九章

西方化与性别：殖民模式之外

104 本章讨论的是不同类型的西方接触——虽然不是完全不同，这一类型的接触从 17 世纪晚期开始一直持续至今。没有被占领为殖民地的社会（或者还未被占领的社会，如埃及和朝鲜）可能会主动寻求改变，为了维护独立而有选择性地采纳一些西方模式。西方化改革项目总是会在某种程度上涉及性别方面，在某些案例中，女性地位的改变还具有相当的优先性。我们可以把 1900 年之前开始的西方化改革案例与殖民影响的案例进行对比：主动的改革能否削减西方的不利影响？

在 18、19 世纪，许多不属于西欧直属殖民地的社会采取了一系列西方化改革。本章着眼于西方化的两个重要个案——俄国和日本——也关注其他两个关于埃及和朝鲜的个案。这些社会在改革进程中都没有首要关注性别问题，但是它们的政策不可避免地影响了男女的社会角色，通常还产生了一些意想不到的附带影响，使这些结果扩大化和复杂化。

西方化的案例各不相同。17 世纪晚期，俄国在彼得大帝的带领下开始了一场对西欧有选择性的刻意模仿。首要目标是利用西方技术和政治形式来加强俄国的政权和军事，但在上流社会也出现了大量的文化模仿。总而言之，18、19 世纪晚期，接触还在持续并扩大。俄国政府偶尔会停滞西方化改革，例如从 1825 年至 19 世纪 50 年代，改革者一直在施压，但是进出俄国旅游的人数、相互之间的文化交流和贸易活动在稳步增加。

长期孤立的日本在 1853 年美国舰队驶入江户湾要求贸易权时被迫

向西方打开了门户。在经历了美国和欧洲施加的更大压力和日本精英团 105
体的内战这一混乱时期后，1868年日本开始了彻底的改革进程。在随后的明治时期（名称来自年号“明治”，用于称呼新天皇，其官员指导了改革进程），日本废除了封建主义，建立了有限的议会制政府，加速了经济变革和早期工业化发展，推行了全新的公共医疗项目，创立了大众教育新体系。其中一个重要部分是派学者访问西欧和美国，同时邀请西方专家做指导，意在使日本变得足够强大以阻止西方干涉，最终与西方抗衡。

这些西方化改革项目显然有很大不同。所模仿的“西方”取决于不同的时期。俄国的西方化开始于西方强调科学和绝对君主政体优势时期，以及广泛的贸易，但俄国实际上并不愿意仿效。日本的西方化包括对工业革命和君主立宪制的彻底仿效。西方化也在很大程度上依赖这些社会本身：俄国传统的东正教和农民社会本质，与日本奉行的中国儒家思想和更加活跃的商业，二者体现了完全不同的基础。对俄国来说，西方虽有不同但并非完全陌生，这是因为它们拥有对基督教的共同信仰。对日本而言，在经历几个世纪的隔离后才开始与西方接触，西方这个社会看上去是强大、野蛮又陌生的。这种不同将会影响性别方面模仿所产生的影响。我们将看到，日本和俄国对于所见的西方性别方面的解读和借鉴大不相同。

其他西方化案例，虽然远没有俄国和日本的个案影响深远，但也鲜明地体现了各种可能的反应。19世纪早期在穆罕默德·阿里的带领下，埃及西方化渐渐萌生了。1798年埃及被法国占领并受到西方日渐增长的经济影响后，穆罕默德·阿里迫切渴望加强政权和经济，开始关注权力关系。政府将男学生派往欧洲学习技术和军事；把扩大国内技术培训、刺激农业出口和促进纺织工业作为应急计划。在此背景下，再加上伊斯兰教一直以来对女性赋予某些权益的教义，如财产权，西方化改革并未关注性别方面，但是间接后果不可忽视。新的经济政策给女性施加了更大的压力，要求她们需要更努力地工作。国家直接要求女性务工，例如开凿运河，即使相关工作十分艰苦；直到19世纪50年代这些政策才被取消。工厂的女工可以与男人一起工作，这是一个较显著的变革，但是总体上还存在着分工的不同。然而，最初与西方的接触层面所意味的不过是压力驱使下更突出的剥削。

106 然而，稍后发生的并且受到西方基督教传教大量影响的朝鲜的西方改良主义的早期步伐产生了不一样的结果。在这个曾是严格父权制度并且带有强烈儒家文化元素的社会背景中，西方模式表明了对女性总体地位的重新考虑。19 世纪 80 年代，保守的李氏王朝受到西方的改革压力，制定了保护妇女不受包办婚姻这一陋习侵害的一系列措施，规定最低婚龄为 16 岁；新的法律也允许寡妇再婚。改革者发表言论要求尊重女性，谴责儒家思想下对女性的“野蛮对待”。19 世纪 90 年代的独立社会团体一方面警告女性不要反抗，另一方面为女性呼吁现代教育机会以及一定程度的平等。外国新教传教士和朝鲜一个女性新团体——赞扬会，在各地为女性建立了学校。新一代的女性作家——通常皈依了基督教（朝鲜是近代除菲律宾之外唯一普遍皈依基督教的亚洲国家），见证了女性拥有发展个性的权利的新观念；李光洙①写道，和男人一起做礼拜让女性领会到“男女平等，他们都是上帝的儿子和女儿的想法”。当然，如早期埃及和朝鲜的经历对比所表明的，由于不同的时期和背景，就对女性影响而言，西方化改革主义可能会产生完全相反的结果。唯一不变的是所受到的压力要求按照西方模式和权力关系来进行变革。

然而，尽管有这些不同，自愿的西方化改革，即以模仿西方观念和体系为基础，而不是因为殖民控制而实施的改革项目，的确有一些共同特征。它们都是有选择性的。相关社会想要保持的不仅是独立性，还有重要的文化传统。它们不想完全西方化。这也意味着西方化改革的实质是权力关系——加强政权、军事和经济力量。对权利关系的强调也产生了明显的性别影响，通常突出新的男性力量。同时，西方化也包含一种文化元素，如对西方艺术或流行文化新的模仿。这反映了超乎权力因素之外的西方优越性；还表现了相关社会不愿在西方人眼中显得窘迫的愿望。这对男女关系产生的影响可能会十分不同，相关社会努力确保西方观察者不会觉得他们对待女性的方式不文明。这些因素——选择性、权力关系和窘迫性担忧——加在一起还不足以产生势不可挡的影响，这意味着西方化对性别问

① 朝鲜近代小说家，诗人。——译者注

题产生的复杂结果也不可避免地难以很快或顺畅地发生。

西方化改革涉及深刻的文化接触，相关社会尽力想更多地了解西方，派遣学生到西方学习，邀请西方访问者。这些结果与西方殖民主义案例 107
比较会如何？这种自愿性——强大的西方模式受到欢迎而非被强加——是减弱还是增强了性别关系变化的影响？

俄国个案

俄国早期的西方化改革，提供了关于文化接触影响的一个非常鲜明并且在许多方面独具特色的案例：女性的境况改善了。但是我们还需指出，相对来说只有少部分女性受到影响，因为俄国一开始的改革只关注上流社会；并且还存在一些弊端，可能很少受到当时女性的注意。最终，彼得大帝的西方化改革激起了俄国保守派包括教徒的抵制，这当然会阻碍变革的步伐。保守派通常不关注性别问题，但是他们对变革持抵制态度，高度褒扬父权制度传统。因此，一直到20世纪，在某种程度上甚至到社会主义革命之后，俄国与西方的接触包含着对女性的解放。俄国的某些情况在恶化，当我们按当今的标准来看西欧给女性强加的一系列限制时，或者按照当时西方自身的传统来看，情况的确是这样。

俄国的习俗是高度父权制的。正如在许多父权社会中，男女间的差异在上层阶级中尤其突出。婚姻由父亲安排。如果婚配令父亲满意，准新娘和准新郎就会被介绍相识。通常，婚礼现场，新娘的父亲会象征性地用鞭子轻轻抽打女儿，之后把鞭子递交给新郎以象征男性权力的传递。“如果你对丈夫的举止不当，他将代替我用鞭子训诫你。”上层社会的女性需要被隔离，只能待在自己的闺房，叫做“泰雷姆”（*terem*）；在公开场合，她们通常以面纱遮面。俄国非常注重婚前贞洁，其次是性忠诚。东正教允许男人一生可以有两次机会把不能令其满意的妻子送到修道院，她们对外界来说就意味着已死；之后男人可以再婚。女人的职责围绕着母亲身份和家务。把一个男人称作女人，或者“baba”是一种极大的侮辱。

彼得大帝的改革明显直指这一模式。他有两个目标。首先，他希望贵族阶层能为国家输入更多忠诚的官员。为了做到这一点，他想要减少个人以及不同等级家庭之间的隔离现象，同时让女性有更多的机会，这可以提高她们自身的能力以更好地教育子女。其次，他希望改变俄国文化按西方标准来看所处的尴尬的落后局面，这意味着要给上流社会女性参加公共活动的机会，如出席音乐会和舞会，正如西欧的情况一样。至少在一定
108 程度上，彼得大帝如同之后的俄国改革家们一样，似乎意识到了要改变俄国，就不得不改变俄国的家庭结构。

1718 年，彼得大帝下令贵族女人们离开“泰雷姆”，参与到公共文化和社会活动中去。他也废除了包办婚姻的习俗。1702 年颁布的一项法令规定所有的婚姻都应该出于自愿，订婚之前男女双方应该接触至少六个月，双方拥有拒绝对方的自由，象征性的婚姻鞭子由一个吻来取代。他的西方化措施还需要上流社会的男女在服装风格上做出改变，女性对此做出了更加积极的回应。女人们认为新的服装风格是享受绚丽色彩和法国百变风尚的机会，然而男人却认为打扮成西式模样的需要是对沙皇专政的屈服。贵族女人，包括彼得大帝的女儿们，开始有机会获得正式教育，学习西方语言还有其他才艺。在西方，许多上流社会的女性开始阅读启蒙主义哲学作品。虽然女性境况的改善并不是彼得大帝改革措施的主要目的，然而大多数历史学家认为，给女性带来的解放，效果要比其他任何领域都显著。（实际上，彼得大帝的改革使许多其他方面的情况恶化了，比如大量的农奴受到了地主更严格的管制。）对女性漂亮容貌的日益重视是一种新的限制，至少根据一些女权主义的分析而言是这样，但是彼得大帝改革措施最主要的局限——也很严重——是影响范围有限。地方贵族的女人，当然还有绝大多数的农村女人，状况都没有什么改变。

彼得大帝死后，西方化改革仍在继续推进，但时断时续。凯瑟琳大帝为改革锦上添花，于 1764 年建立了斯莫尔尼贵族女子学院，还有公共学校，令少数平民出身的女孩也可以接受教育。这里又有一些讽刺。俄国的教育赋予女性（虽然只是一小部分）阅读启蒙主义作品的机会，而西方背景下的启蒙运动本身在许多方面是降低女性地位而重视男性新自由的。凯瑟琳大帝的改革的确一度试图终止男女教育的差异，虽然不久后因推

崇“培养女孩的意图应该在于使其成为称职的家庭主妇、忠诚的妻子和关怀的母亲”这一观念而力度有所减弱。但是对鼓励知识学习的兴趣依然在继续——根据计划，女孩们不仅应该会读书识字，而且应该“拥有一个富含对公民生活有益知识的头脑”。同样，主要的影响范围有限：1782—1800 年间，接受学校教育的学生中仅有 7% 是女孩。

19 世纪早期，在俄国以政治保守主义的名义对西方化采取更加抵制的政策时，西方典范有两个主要影响。 首先，许多俄国作家受到西方思潮 109
如浪漫主义的启发，开始描绘理想化的女性，如诗人普希金描绘了女性的美与文雅。许多男性激进分子意识到真正的改革需要涉及家庭，认为理想化模式将代替传统等级制度。当代西方背景又一次表明了这种做法的局限性，它可能会以女性纯洁的名义，制造女性与公共生活的新的隔离。然而在俄国案例中，西方模式与解放性变革之间始终存在着联系。其次，许多女性个体意识到西方的解放观念，蔑视传统束缚，有时也参加激进运动。女性作家开始谴责上流社会妻子的从属地位。1807 年，一位贵族女性娜杰日达·杜罗娃穿上男装加入到俄国骑兵行列并且表现出色，之后发表了她的日记。在亚历山大二世（1855—1881 年在位）的统治下，改革精神回归到俄国政策上，来自各个社会阶层的女性个体开始模仿西方女性，寻求医学和法律方面的教育机会。在解放农奴（1861 年）的历史背景下产生了由男人和女人所写的关于“女性问题”的文章。一位男性外科医生因此写道，女人需要接受更多的教育，部分原因是为了使她们成为更好的妻子和母亲，另外也为了支持其他职业，例如护理。19 世纪 70 年代，政府逐渐授权为女性开设医学和其他课程，最终建立了一所女子大学。坚定的女权主义运动开始产生，仍以西方为典范，至少在基本的方面是这样。许多女性也开始参加诸如无政府主义和虚无主义之类的运动。她们的参与受到某些男性的欢迎，他们通常真诚地相信女性自由，同时也意识到女性携带炸弹与男性相比，较不容易引起警察的注意。女性本身经常以心目中的女权主义目标来履行职责，这和西方女性同胞很相似，然而西方女性借助更合法的手段来推进她们的事业。显然，由于这一点，女性境况改变的动力深深植根于俄国政治和教育中，而不取决于西方接触本身。

19世纪和20世纪早期不同时期，与西方的接触方式和效仿模式，俄国改革主义以及强烈的传统主义/保守派思潮之间相互作用的复杂性，在关于性别和性行为方面的立法变革的争论中有所表现。西方模式和改革观点针对宗教规定和国家法律之间存在的较大程度的分离，例如关于通奸罪这样的性行为问题；也有一些相关的呼吁建议将女性行为视做个体行为而与家庭权威无关。但是保守派思潮影响也相当强烈，限制了变革。此外，西方模式本身通常是矛盾的或者包含传统主义的，例如关于对同性恋的看法。变革确实发生了，至少是书面形式上的，因此有了1903年一项法律方面的主要改革。违法性行为数量在下降。社会主义革命之后对这
110 些问题的讨论仍在持续，尤其在20世纪20年代的探索性环境中，直到斯大林主义采取了以家庭为中心和传统主义的措施。

1917年俄国最终爆发了革命，带来了马克思主义意识形态的胜利——最初为西方的产物。对于马克思主义者来说，性别问题并非首要问题，但他们认为资本主义的结束将解放女性并带来一系列其他渴望已久的改变。新的苏维埃政权尽管最终在家庭政策上十分保守，但却体现了女性解放的标志，包括更多的教育权益和全面参与劳动（通常是不平等的）。至少有时在舆论上，革命领袖声称俄国目前已经超越了西方，那里的女性仍被普遍地排除在终身职业之外。甚至这类言辞也从另一个方面表现了之前所提到的西方接触与女性境况改善之间的联系——否则似乎没有必要鼓吹俄国在这方面的优越性。

显然，自彼得大帝之后两个多世纪以来，与西方日渐增多的接触，为这个高度父权制度社会的女性提供了新的生存模式和机会。最终，正是因为对西方长期、反复的模仿，结果带来了真正的改变，例如在受教育和工作机会方面，还有对进一步改革的一致呼吁。西方文化模式，包括马克思主义以及教育和家庭模式，为俄国提供了选择并且促进了强烈的改革运动。模仿是有选择性的，即使不考虑1917年以前大多数女性没有被直接包括进西方化改革这一重要事实。虽然有浪漫主义的理想化思潮，但没有什么大的运动使女性脱离工作。这里，如果有什么不同的话，西方接触起到了区分俄国自身经历的作用。农奴解放之前，俄国地主给他们增加了繁重的

农活，包括在贵族封地上的劳动，以提供农业出口物资来帮助支付进口的西方奢侈品。这类工作由男女共同承担。之后，19 世纪晚期，俄国开始模仿西方工业化，女性参与工作，作为工厂劳动力的来源又一次变得重要起来。在这些背景下，19 世纪西方要求体面女性只履行纯粹的家庭职责这一呼吁在俄国鲜有回应。使情况更为复杂的是，西方一直代表着时尚，这可能会与呼吁新自由的思潮相符合，也可能不符合。19 世纪 50 年代以来，模仿西欧发展而成立的俄国百货公司，招徕了一批有时尚意识的女性，因此受到了保守主义者对这种“外国”倾向的谴责。甚至在共产主义时期，对俄罗斯女性外表邋遢的控告被当作对新社会的批评，尤其是被外国人，还有一些俄罗斯女性自己。西方模式不只是一个单一的实体。

日本案例
111

自明治时期以来，日本与西方的接触和俄国个案拥有一些共同的重要特征，但是在时间上更集中。日本传统也极其重视父权等级制度，但是细节之处有所不同。在此背景下，包括许多女性在内的改革者在一些主要的西方典范中发现了一直所渴望的女性新自由，包括这几十年来在美国和西欧崛起的女权主义运动。因为比俄国的改革更加迅速，至少在 1917 年以前是这样，日本出现了性别角色大幅度重组的可能。教育是一个典型的例子：俄国和日本都在 19 世纪晚期迅速普及大众教育，不仅针对男孩也针对女孩，但是日本发展得更快，这意味着日本男女间的文化程度差距会更快地消失。

然而日本案例中，西方接触与性别改革的关系更加复杂，这里有三点原因。首先，西方对日本来说可能比俄国更多地意味着时尚而非自由。日本与西方的接触始于后者扩大其消费机制时期，包括一系列针对女性的新产品，例如化妆品。许多西方女性在强调新的生活方式（像涂口红，抽雪茄）和某些女权主义需求（如获得选举权）之间摇摆不定。因此，许多以西方为变革旗帜的日本城市女性会有相同的表现也不足为奇。到 20 世纪 20 年代在日本城市出现了成群的时尚女性——被称为“摩登女郎”，她们积极地追捧西方电影、服装和流行舞蹈，除此之外对其他事情漠不关心。

其次，日本对西方的模仿还包括迅速跟进的西方式工业化过程。同俄国情况一样，这意味着对女性工作新形式的巨大依赖，这些工作通常是既低下而又辛苦的。新工作形式对女性的限制曾一度足以与影响女性生活的其他变化相抗衡，而当时西方对女性的正式工作要求通常在降低。如同此类大多数情况一样，在经济上对西方的模仿可能意味着在涉及女性的方面与西方有所不同。这种复杂情况也在俄国出现，但在此之前已经表现出了西方典范对其教育和家庭变革的影响。

第三点，也是最重要的一点，日本与西方的接触一开始就受到局限，因为日本清楚地意识到西方的性别情况与日本大不相同，并且许多西方模式不可取。在相对保守的男性（包括政府官员）的引导下，日本的西方化尽量避免西方女性的开放性。强调传统顺从和家庭角色观念以确保日
112 本在巨大的变革中能够继续保持其自身身份和政治稳定。日本谨慎地对待关乎女性的变革，在这一点上所做的努力要比俄国更甚。它反映了面对西方模式时，日本表现出更多的迟疑；也反映出日本大众而不仅仅是少数精英阶层，从一开始就被卷入了改革之中。俄国没有如此直接的抵制，部分原因是改革进展缓慢而有限。相反，当日本最终决定有所行动的时候，直接开始了改革的步伐，但是同时也积极利用了性别问题作为平衡这一冲击的手段。在巨大的变革中留存下来的关于女性的传统观念不仅维持了与过去身份的联系，同时也为卷入变革中并被闲杂的西方观察者视为有些柔弱的日本男性所经受的压力提供了某种补偿。

19 世纪 60 年代之后，日本与西方的接触表现出四个特点。第一点是蔑视，认为西方根本不是适宜模仿的对象。然而第二点却是多方面的模仿。第三点是试图摆脱对西方的模仿以改变女性的经济价值使其成为初始工业化的基础。第四点，长远来看很重要也很复杂一点，是有选择性地把某些西方元素与儒家元素相结合的政策，它产生了一种别具特色、文化融合的对待女性的方法，并且至今仍影响着日本。

蔑视是显而易见的。与西方接触之前的日本是一个父权社会，受儒家思想影响甚深，正如本书第五章所讨论过的。按日本标准来看，19 世纪

的西方性别关系既陌生又危险。早期去往西欧和美国的访问者，大都积极地宣扬科学、技术，甚至政治上的西方式改革，但却对他们所看到的西方女性的独立和坦率感到震惊。日本人认为，西方女性似乎在家庭事务中拥有某种本应给予长辈们的话语权，这是颠倒是非。但是相比较她们的非正式社会权利而言，西方女性随着作为劳动力的作用的下降，正在失去经济权利以及基本被排除在政治活动之外的事实却被忽略了。同俄国情形一样，相较于本地传统，西方似乎赋予了女性更大的自由，但是它们之间也有很明显的差异，对于大多数相关官员来说，很大程度上是不好的。随着时间的推移，西方的消费习惯在日本产生了影响，引起了人们对女性服装和公共休闲活动的兴趣，这种判断得到了证实，至少在更为保守的男性当中是这样。当时对西方的模仿也在军事和工业生活的权力范围内迅速展开，性别问题是帮助日本继续保持其身份的重要差异之处，同时也能确保日本在变革中的稳定性和等级制度。

但是不模仿也是不可能的。正如我们看到的，随着城市化和工业化
的发展，女性本身表现出对一些西方消费特点的兴趣，这不可能被完全阻 113
止。女性个体也从与西方的接触中获得了新的机会。例如，对西方模式的了解为女性艺术家开启了新的前景，她们在传统的日本社会甚至比在传统的西欧社会更加不受重视。现在，女性出国学习机会的出现打破了这一差异。例如，生于1857年的山下林（Yamashita Rin），曾在俄国学习（她是第一批出国的女性之一，还利用机会为一位经常四处旅行的俄国外交官看孩子），为日本的俄国东正教堂画了重要的圣像画。清原玉（Ragusa Tama）嫁给了一位意大利艺术家，该艺术家受邀于日本政府，在新成立的艺术学院担任客座讲师，并且在西方艺术领域成就了辉煌的事业（虽然当时她的工作在日本长期无人知晓）。还有其他女性成为了出色的作家（重新开始了日本过去的传统），甚至是女权主义拥护者，与西方女权主义运动联系紧密。

更加系统的模仿也出现于日本。1872年日本致力于普及小学教育；新的教育条令特别规定“学习不再被认为属于上流社会，而是男女平等享有的权利”。日本突然决定模仿西方在相当长时期内发展的模式，包括女

性接受教育的机会。教育对于女人在劳动服务和家庭责任中的重要性超过了更为传统的等级制度——虽然，如我们将了解的（此时在西方的确是这样），日本一直保留着重要的性别差异。普遍的小学教育之后是有限的女子中学（1908 年有 159 所女子中学，而男子中学有 300 多所），之后是医学院的成立（1900 年）和一所独立女子大学的成立（1901 年），还有进入其他大学的有限的机会。教育为女性个体提供了一些新的机会；从事教育事业的机会开始增加（当然，专门在女子学校工作），这些学校培养了一些主要的女权主义作家。

模仿也表现在性行为方面，但表现形式有一些分歧。日本官员迫切地想要避免西方对日本不文明流行习俗（按西方当前标准看来）的批判。他们从两个方面开始实行（至少在原则上）全新的法规。同性恋在日本文化中从来都不是主要问题；事实上，对其所持的宽容态度和表现出的文学兴趣还相当突出。但是 1873 年，当西方化改革运动达到顶峰时，政府通过了一项法律，规定任何有同性恋行为的人都将被监禁 90 天。当然，随着对西方热情的减弱，这一措施之后被放松；1883 年废除了这项罪行，代之以更为笼统的“猥亵罪”，男性之间公共场合的亲昵行为得到了更多包容。
114 从家庭角度对性行为的控制更为严格。虽然上层社会的性规范一直都很严格，但是城市和农村的性行为普遍都比较随意，存在大量婚前性行为现象。（有趣的是，日本神道教的女神们拥有许多性伴侣。）通过改革，传统的上流社会、儒家道德以及西方维多利亚之风及其对性行为放纵的严厉谴责，这三者结合在一起产生了一种新的性规范，在某种程度上避免了西方对日本道德的尴尬评论。父母们被呼吁要约束女儿的行为。

伴随着蔑视和模仿这两者奇怪却真实的结合，日本开始了工业化，以西方作为榜样，引入了许多女性生活的重大改变。虽然表面上看起来日本将西方式工业化作为目标，但是方法却必然不同。当时日本是一个相当贫穷的国家，缺少丰富的自然资源，它需要积累资金挣得外币以进口工业化发展所需要的材料和机器。在这个过程中廉价劳动力必不可少，尤其是许多新工厂和制作丝绸的车间需要廉价劳动力，而丝绸迅速成为日本的主要出口商品。1909 年，日本工厂女性劳动力占 62%，与法国工业革命时期的 43% 形成对比。（1900 年，英国 12% 的劳动力是女性，法国是 27%，而日本是 62%。）这些女性中的大多数通常年轻未婚，来自偏远的农村地区，被父亲或兄长卖身为工业奴隶。她们住在由雇佣者完全控制的宿舍。一天至少工作 12 个小时，同时工厂表面上却以为了女工的利益为名控制其薪水，唯恐她们挥霍无度。许多女工生病了。许多人无法组建稳定的家庭关系；卖淫和离婚现象都在迅速攀升。日本早期工业生活的这些特征是对西欧工业化阶段所面临的问题的进一步夸大——它反映了日本更多地依赖女性廉价劳动力的事实。这些结果明显使日本对西方的反应复杂化，并且通常与其他措施相矛盾，例如对性行为的控制。

最后，在相互冲突的发展中，日本政府达成了共识，在误导性地赞颂传统的同时，引进西方元素而产生了一种独特的混合体。其关键是 19 世纪八九十年代日渐强调“贤妻良母”作为女性生活的基本标准。不论何种社会地位，女性都应该促进家庭凝聚力、践行节俭以为国家工业发展积累做出贡献，使家庭成为稳定的政治社会的首要关系。1898 年的明治民法加强了男性作为家庭主导的地位。妻子需要丈夫的同意才能签署有法律效力的合同。如果离婚，丈夫拥有孩子的抚养权。妻子通奸（而不是丈夫）可以构成离婚和刑事检控的理由。女人到 25 岁、男人到 30 岁之前，婚姻必须征得父亲的同意。女性被严禁参加公共会议或者加入政治组织；直 115
到 1922 年，在女权主义的压力下才放松了对参加会议的禁令，但是关于加入政治组织的禁令仍没有放松。政府刊物不懈地宣传理想的女性形象，是她们的付出和自我牺牲使家庭得到维持。“贤妻良母”政策没有排除女人工作；实际上，一些符合理想标准的女性不得不工作以使家庭维持下去。（然而，值得注意的是，女性企业家的数量在下降，正如西方工业化早期的情况一样。）这一政策也没有阻止某些公共活动的进行；女性被鼓励成立当地勤俭小组或者开展教化运动，她们能够在战争等危机时期对政府有所帮助。

显然，新政策很快影响了教育上的性别差异。尤其是中学教育强调女性的特殊职责。1937 年发布的材料声称，“家庭生活过去和现在占据着日本各年龄层女性生活最重要的领域。在明天和将来的每一天都将如此”。

课程强调家政技巧，还有一些才艺，例如被认为对女性很重要的艺术——书法。品德课（一个女人提到这门课程“在女孩之中相当不受欢迎”）强调首要的道德责任就是对君主、父母和祖先的忠诚，独立思考受到强烈排斥。严格的规矩贯穿着学习始终。相应地，男子学校强调不同标准，包括更多的学术性成就和在工业和军事生活中的伙伴关系。

“贤妻良母”政策明确地攻击西方诸如个性女权主义的入侵。除此之外，这项政策还意在削减或削弱一些组织与运动，例如19世纪80年代攻击家庭父权制和当局政府的“民权”运动。但它也是一项新政策。它为所有女性灌输了新儒家思想，而不仅仅是在上流社会。性别的确变成了比阶级更加重要的范畴，这是一个创新。这项政策虽然局限了女性的活动范围，但也给予她们更多重视。它与19世纪中期西方观念的一些方面遥相呼应，那就是女性深远的家庭重要性，但是它明显刻意与现代西方朝着更大的法律平等和新政治权利迈进的趋势背道而驰。这项政策与日本人口的快速增长伴生，为许多女人创造了新的家庭职责。

这项政策并没有成功地促使日本的性别关系在各方面形成一个完整的整体。特别是，它没有阻止许多女性对西方式消费主义日益高涨的兴趣。它也没有阻止女权主义个体的创作和躁动。但它的确与对性道德的强调相吻合；促进了教育方面的新举措。它明显包含着对西方模式的蔑视回
116 应。这项政策，再加上进一步的工业发展，逐步减少了对女工的剥削和所引起的家庭不稳定现象。工业劳动力中的女性比例平稳下降，到20世纪晚期，日本女性受雇用的比例远远小于西欧和美国（显然还有俄罗斯）的女性同胞。（日本女性与男性相比在工资上的差异仍然很大。）

这种对西方接触的混合回应出现在明治时期并且一直持续到20世纪二三十年代，当然不是固定不变的。另一轮与西方的接触于1945年后在美国占领下产生。某种程度上受到这些接触的刺激，日本女性赢得了投票权和完全的法律平等。性约束减少了，性行为又一次成为不止关乎个人的事情。出生率开始下降。然而，虽然有这些新发展和进一步的消费文化，日本仍然保持着自己的特色。20世纪晚期，日本是一个比西方更具有性别意识的社会，男性更加关注男子气概的表现。工作模式上的差异在家庭

中也得到体现，男女共享的活动比西方更少。

结 论

与西欧的接触在日本产生了重要变革，正如在俄国的情形一样。的确，因为变革迅速普及到了大多数女性而不只是精英阶层，在日本产生的结果更具有实质性，至少到 1917 年是这样。在俄国和日本两个个案中，西方性别模式（包括女性消费主义的影响）被认为是具有解放性的，但是两者对这方面的反应都因试图追赶西方经济而给女性施加了更为苛刻的工作环境而被复杂化。但是他们对西方自由主义观念的关键反应大不相同。俄国在朝西方模式前进的过程中迟疑不决；至少直到社会主义革命时期，除了完全的传统主义之外，并未产生一个接近西方模式的清晰体系。日本在短暂的大规模模仿后，确实产生了一套体系，即一场没有发生真正西方化的变革。对性别问题的处理不只是一个缩影，也是日本创造一个绝对属于本土的现代工业社会进程中的重要元素。

在全球层面上，从 1600—1900 年与西方日益扩大的影响的接触发生在两个不同的背景中（也可以说是三个，如果包括那些尽力忽视这些影响的社会在内，例如直到 19 世纪的东亚）。第一个是殖民背景，一定程度上是西方给殖民社会强加了影响。这在不同的时期引发了一系列不同的影响，但是与殖民统治的联系也总是影响了西方性别关系模式。许多人，包 117
括一些女性，可能会坚持传统性别模式，正是因为这些似乎是珍贵的国家身份的一部分。第二个背景，更加少见但是极其重要，是主动地开始有选择性的西方化进程（虽然是在西方日益增加的竞争和干涉的背景下）；20 世纪中期之前的日本和俄国（苏联）提供了主要案例。这里正如这些案例所表明的，结果纷繁复杂。此外，殖民社会存在一些共同的主题。女性工作可能会被更充分地利用，作为廉价劳动力的来源（正如在埃及和日本工业化早期）；商业压力导致男女工作机会上新的不平等现象（正如发生在印度、非洲和日本的情形）。对西方关于“不文明”习俗批判的敏感性，也开始在殖民地居民和西方化背景中产生。

能够决定改革而不是被迫改革，二者的确是不同的。西方性别关系模式是一种更加直接的解放力量（无论是更好还是更坏），因为它们没有受到殖民主义的污染。俄国、朝鲜或日本的改革者看到的是西方关于女性教育权利、婚姻内更大的独立性、新的消费机会和参加公共事务的新机会等方面。其中的一些改革元素也出现在殖民地（如印度）改革中，但由于对来自西方的批评和控制的极大憎恶，以及维持稳定的性别关系以防止动乱发生的殖民政策，改革受到了限制。相应地，在像俄国和日本这些地区，性别改革比在殖民地区更不容易与民族主义联系起来；事实上，保守的民族主义者似乎反对女性权益。之后这些差异也能影响与西方女权主义运动的接触。与西方的接触在这两种背景中是促使变革发生的力量。它能够在两种背景中制造复杂性甚至矛盾的趋势，但是某些变革——例如教育的进步——在非殖民地区发展更快，更多的女性更快地参与其中。甚至在日本也是如此，与西方的接触使其明确地想要为女性创造一种独特的国家模式，作为适应西方过程的一部分。

延伸阅读

关于朝鲜和日本，见：Joyce Gelb and Marian Palley（eds）, *Women of Japan and Korea: Continuity and Change*（Philadelphia, Pa: Temple University Press, 1994）; Robert Oliver, *A History of the Korean People in Modern Times*（Newark, Del.: University of Delaware Press, 1993; London: Associated University Presses, 1993）; Gail Lee Bernstein（ed.）, *Recreating Japanese Women, 1600 – 1945*（Berkeley, Calif.: University of California Press, 1991）;
118 Sumiko Iwao, *The Japanese Woman, Traditional Image and Changing Reality*（New York: Free Press, 1993）; Kumiko Fujimara-Fanselow and Atsuko Kameda, *Japanese Women: New Feminist Perspectives on the Past, Present and Future*（New York: Feminist Press, 1995）。

关于埃及，见：Judith Tucker, *Women in Nineteenth-century Egypt*（Cambridge/New York: Cambridge University Press, 1985）; Margot Badran,

Feminists, Islam, and Nation; Gender and the Making of Modern Egypt（Princeton, NJ: Princeton University Press, 1995）。

关于俄国，见：Barbara Clements, Barbara Engel and Christine Worobec（eds）, *Russia's Women, Accommodation, Resistance, Transformation*（Berkeley, Calif.: University of California Press, 1991）; Barbara Engel, *Mothers and Daughters, Women of the Intelligentsia in Nineteenth-century Russia*（Cambridge/New York: Cambridge University Press, 1983）; Marc Raeff（ed.）, *Catherine the Great,* A *Profile*（New York: Hill & Wang, 1972）; Robert Massie, *Peter the Great, His Life and World*（New York: Knopf, 1980）; Laura Engelstein, *The Keys to Happiness: Sex and the Search for Modernity in Fin-de-siècle Russia*（Ithaca, NY: Cornell University Press, 1992）。

第三部分

当代世界

119 为人熟知的许多文化接触类型以及在性别关系方面的传统特征一直持续到20、21世纪。对西方化的兴趣也传播到一些新社会，例如当代土耳其，但是在总体上以及对男女关系的影响方面，此时的西方化与早期西方化做法相似。西方殖民和传教活动在继续。我们已经看到，对非洲的殖民影响到19世纪晚期才真正开始，它产生的一系列复杂反应一直持续到20世纪，并且影响了民族主义领袖的态度。基督教和伊斯兰教的传教活动在非洲加快了发展。20世纪70年代以来，一波基督教基要主义在拉丁美洲、东欧的部分地区还有美国发展起来，对性别关系产生了重要而又熟悉的影响。铭记以往的模式和先例的坚持，对我们当下的时代具有重要意义。

20世纪开启了世界历史上的一个新时期，在文化接触的本质和对性别的影响上有所体现。总之，20世纪，西方相对权力在下降，表现为大规模的非殖民地化运动兴起，新国家相继建立。新技术极大地促进了交通和交流的速度，对国际文化接触产生了更加直接的影响。跨国公司的兴起也把全世界连接起来。大规模的人口增长史无前例，对男女生活都产生了巨大影响，同时两次世界大战表明了全球联系以及现代技术的破坏性。

虽然没有推翻与过去的重要联系，但文化接触和与之相关的性别关系从两个根本方面发生了改变。首先，国际接触发展加速，引入了一些新资源；其次，一些重要的新元素被引入关于男女职责的观念中。

更多的人(比以往任何时候都多)可以了解到关于其他社会(通常是非常遥远的社会)的性别模式,这得益于贸易和旅行的增多,最重要 120
的是新媒体的出现,例如电影和电视。传教士和殖民官员不再是信息的唯一来源。虽然一些偶然的或者刻意的隔离现象仍然存在,但是游离于纵横交错的文化联结之外的可能性大幅减小。

这不是文化接触上的唯一变化。西欧和美国之前的在提供文化备选模式方面的领导作用仍旧延续下来,但是现在其他资源也融入其中。日本的崛起为国际融合增添了新的元素,例如,日本电视节目成为其他地方一些性别模式模仿的来源。几乎在20世纪的多半时期内,苏联和中国的马克思主义影响更加凸显。这里包含着世俗宗教对国际传播的迫切渴望以及关于传统性别模式应该如何改变的鲜明思想。虽然马克思主义起源于西方,但是在20世纪它的国际影响力很大程度上来自其他地区。许多地区——像非洲或中东——开始从一些中心地区(包括西方但不仅限西方)吸收国际文化模式。

除了影响来源上的变化,许多移民路线的兴起加速了民族交流。欧洲人口继续向世界其他地区流动,尤其在20世纪最初的几年。更为突出的是亚洲、中东/北非、非洲和拉丁美洲/加勒比海地区的移民潮,体现了从非完全工业化地区向世界工业中心涌入的趋势。这种移民趋势在20世纪上半叶开始加速,到第二次世界大战之后进一步强化。对于移民者本身、他们周围的社会以及移民者可能影响的本国人来说,这是文化接触的另一个来源。

最后，还出现了一系列重要的国际影响来源，虽然仍大部分来自西方。国际合作带来了文化传播，在全世界销售电影、游乐场所和电视节目。国际联盟，甚至联合国都在寻求表达女性境况的声音。经过19世纪80年代尝试性的开始后，国际组织(包括官方的和非官方的)在颁布对待女性的标准方面的作用开始稳步发展。到21世纪，一系列国际法体系，甚至包括更为广泛的标准，都在许多方面寻求改变性别关系。几个显著的问题是：这些做法产生了多大的影响，世界历史上的同质化现象在多大程度上来源于这一新生力量?

国际接触来源的变化包括技术、地理和组织等方面，影响来源各不相同。随着其他地区开始提供文化模式，西方的影响力在某些方面有所下降，但是通过移民者对迁入西欧和美国的强烈兴趣以及以西方为基础的国际企业在全球推销其文化，西方的影响又得到增强。总之，不受外界影响的可能性大幅下降，不同的影响来源和效仿模式在增加。

第二个较大的转变发生在现有的文化模式上，情况也比较复杂。20世纪以前，影响性别问题的诸多国际接触历史案例都涉及宗教或者哲学体系(如儒家思想)的作用。反过来，这些体系大多也反映了父权性别结构，虽然在具体方面强调的重点不同。正如我们所见，这种模式持续到20世纪。然而，除了宗教的传播之外，还出现了其他三种新的模式，最明显的是女权主义。女权主义运动有各种定义，但是都寻求改变父权制度的不平等性，大多试图完全推翻父权制结构。女权主义加入国际文化影响之列是一项重大创新，虽然它并没有波及所有方面。马克思主义是第二个新的影响来源。它和关于性别影响方面的一般意识形态的旧有模式相似，但与主要宗教和儒家思想的不同之处在于，它明显致力于改变现存的经济和社会制度。最后，对购买新产品、频繁变换潮流以及寻求娱乐新形式方面的消费兴趣构成了对性别具有潜在影响的第三种新文化力量。以上这些力量的影响力大多一直持续到 21 世纪。

这三种新文化模式互相之间并不吻合。马克思主义者和女权主义者一致认为把人们从过去解放出来很重要，但是他们就如何定义解放以及关于性别，问题的重点应该是什么，不一定达成共识。消费主义的影响，虽然至少在表面上强烈撼动了传统习俗，但是与女权主义的斗争能否相容还未可知。换句话说，关于该选择何种新道路的争论是 20、21 世纪性别历史上的一个重要特征。除此之外，还有关于究竟是否应该选择新道路，还是应该选择传统体系的争论。

最后一个影响因素，它不完全是新生的，但是需重点重申。随着西方影响力的削弱，几乎之前所有的殖民地都获得解放，它们开始更多地宣扬真正的，或自己所设想的传统，作为表明独立身份的一部分。广泛的宗教复兴——包括印度教、基督教、佛教和伊斯兰教——产生了明显的性别影响,在对待男女关系和女性性行为方面,许多宗教领袖强调更加传统的立场,来牢牢地捍卫他们的价值体系。其他一些因素也同时出现:重获自由允许一些社会的人们不仅可以拒绝西方或国际影响,而且还可以寻求新方法以弥补或纠正从前受到的侮辱和改变。之前殖民地的男人,被殖民者看作柔弱的并被称作“男孩”,此时可能会寻求更具有攻击性的男子气概作为补偿——这些做法超出了维护传统的意义。非殖民地化运动本身也证明了这一点。许多运动欢迎女性参加,这样能够激起对殖民政权大规模的反抗。但是,一旦这些政权被推翻,大部分新政府很快变成由男性主导,有时还重新主张过去的父权式法律和约束,作为文化特征的一部分,女性则沦为局外人。

这种力量没有成功地席卷全球,没有国际接触和新突显的全球标准影响突出。重点是性别问题成为当代世界的一个核心争议问题,其中接触和对接触的反应起着至关重要的作用。争论几乎是不可避免的。

接下来的几章从几个方面追溯接触中出现的新的复杂性。其中一章特别针对颇受争议的中东地区与外界影响的互动。这个案例与本书前面部分的其他区域案例相似。其他三章更加直接地讨论了20世纪的一些新的影响形式,包括移民(产生了超出了移民者自身经历的广泛后果)、女权主义和国际组织、马克思主义、全球消费文化、全球化以及人权问题。在这几章,个别国家和地区被单独列出,例如中国和非洲,同时也更为强调传播较广泛的模式的影响。最后两章关注全球化,提出了些显著的问题,即从某些方面来说不可否认的国际化趋势的增强能否在当地自我弘扬和反击的情况下,变革各地区的性别标准。全球接触的本质在变化。它是否在男女关系上产生了可以比较的变化,如果没有,原因何在?

第十章

文化接触中的移民

123 20世纪，移民率和移民来源都在稳定增长，提供了文化接触的重要形式，这对性别观念产生了强烈影响。人口增长和经济扩张的不同速度说明：尽管在国内有稳固的社会关系以及在工业世界国家会遭受严重歧视，许多人还是渴望移民。本章首先关注20世纪早期移民现象的个案之一——在美国，移民与美国主流文化互动的一些主要特征。这种模式表现出其他文化接触个案中许多熟悉的特点：两种不同的男女行为观念相互碰撞，主导观念力图使附属文化模式发生较大改变，并且通常会产生一些融合。然而，就其在20世纪的一般形式而言，移民现象是一种表现出一个重要差异的文化接触：移民文化与环境脱离，因此其标准不可避免地会发生改变。当然，移民社会通常会联合起来，有时还建立保护性的正式组织；但是，由于受到主流文化制度的包围——从媒体到学校再到政府法令——抵抗变得很难，最终文化折中表现为进一步向主流标准靠拢。

19世纪的移民现象并不鲜见。历史上不断有少数民族群体迁入较为先进的文化区域，19世纪移民的步伐大大加快了。然而，19世纪晚期和之后的20世纪，有三个移民特征值得注意。第一，移民数量仍在进一步攀升。世纪之交，美国、加拿大、阿根廷和其他地区移民率的增长史无前例。20世纪中期的几十年里，因为经济萧条和战争，移民倾象有所缓和，但是第二次世界大战之后移民浪潮再次掀起。自从20世纪60年代以来，美国的移民率在本国历史上达到最高。此时，西欧也成了另一个主要的移民目

的地。第二，移民来源的多样化增加，远距离移民更为常见。19世纪的 124
移民模式，例如爱尔兰人和德国人越过大西洋，具有相当的挑战性。然而，此时更多的亚洲人、非洲人和拉丁美洲人加入到移民浪潮中，拓宽了文化接触的范围。第三，19世纪晚期以来，越来越多的移民涌入中心城市以及强势的国家文化环境中，在那里，移民者很难独善其身。之前的移民活动有时会由迁居农村所缓冲（像德国人迁入美国中西部），在这些地方他们原来的传统（包括语言）可以受到相对孤立的农村社会长时间的保护。甚至在一些现代化之前的城市，少数民族群体可以形成自己单独的生活区域，虽然主要民族会对其持怀疑态度，但却没有主动地干预。在现代城市，在政府迫切地确保所有居民都遵守特定的国家标准的环境下，隔离现象有所减少。结果再次造成了一种更加迅速，有时也更加令人困惑的文化接触。

甚至在主张同化的20世纪，每一种移民现象都有其本身的特点。本章的美国案例本身具有多样性，它取决于主要民族的反应（对待中国移民比对待意大利移民更加具有种族主义倾向），更重要的还有移民之前所处的文化和社会环境。其他重要案例包括向拉丁美洲、加拿大和澳大利亚移民的现象，近期向欧洲的移民运动；以及亚洲社会之间的移民，例如中国人持续不断地移民泰国。随意抽取一个国家移民现象来分析，都可以帮助我们理解20世纪文化接触范围的扩大。移民的性别模式也会迅速改变。如果一些移民者回到家乡，无论是永久回归还是短暂探亲，都会在这方面产生广泛影响。从这两方面考虑可知移民潮有助于传播关于男女社会角色的一些主要模式。

美国的态度和干预

现代移民现象中，两种文化互动的特征明显将它们从更加传统的文化接触中区分出来，都强化了移民者在移居社会中相对孤立的局面。首先，可能出现一系列干预情况。20世纪早期，美国要求移民去学校接受教育；虽然也建立了一些单独的教育机构，尤其是为那些不愿意在公立学校接受主流新教论调的天主教徒而建的机构，但是大多数孩子仍旧就读于州立教育机构，而这些机构极力推行主流价值观。许多城市移民也接受迫切想解决其家庭问题的义工的拜访，同时接受社区社会服务所的一再建议，
125 帮助他们与主流社会融合。广告也传播了重要信息，例如“现代”模式的清洁方式以及女性在家中采纳这些方式的责任。一些雇佣方，例如福特汽车公司，在其美国化营销项目之下，也寻求规范移民习惯，以建立更有效、稳定的劳动力群体。总之，文化信号无处不在。它们并非总是被遵循，但是必然会变得熟悉。显然，这些不同的接触点，远远比大多数仅涉及单独的，即使是不平等社会之间的文化互换更为宽泛。

第二，接触迅速变得非常私人化。美国观察者强烈批判移民群体中确实存在的，或是观察者所认为的一些习惯。他们不满足于仅对教育的需要或是工作方面的得体行为发表言论。他们想要真正地击中要害，但这里存在一些差异。许多义工和社会服务所官员了解并同情移民者的价值观，认为他们不能完全被美国化。主流价值观本身也存在紧张关系。大多数评论者认为，从理想角度来说，女性至少在婚后不应该外出工作。但是他们也担心女性无所事事，于是花时间培训女性的劳动技能。对性行为的警告，与以性暗示为特征的广告（例如关于化妆品的使用）同时存在。有一些普遍问题特别表明了主流社会所做出的各种努力，以使移民者适应新的文化环境并且修正他们的性别定义。

土生土长的美国人对南欧、东欧和亚洲移民者的怀疑主要聚焦于性别问题。男性移民由于工作习惯、性行为和潜在的激进主义而受到怀疑。女性移民则面临着更多的问题。她们被视为污秽的人。在一个仍然认为女性有特别责任约束性行为的社会里，她们被认为是纵欲者。一位观察者对他所声称的许多犹太女人当妓女的言论做了解释，指出，“在欧洲，人们关于性道德败坏的意识远远不及美国突显，所以在许多情况下，女性想必没有意识到她们在低下境况中的堕落，这让美国女孩遭受了最强烈的痛苦”。她们缺少作为母亲的技能：女性移民不负责任地生育许多孩子（她们的过错是与丈夫一起造成的），而且不能好好地照顾他们，让他们在年纪尚小的时候就从事一些劳动。

这种态度贯穿了普遍的改革议程以及建立一些适合另外一种家庭类

型的新型性别标准。毫无疑问，许多移民者并不赞同其中的一些主要攻击性观点。例如，让孩子脱离劳动就家庭经济生存和长期传统而言行不通。保护既定文化（包括宗教）成为重要的家庭目标，女性通常对此承担着特别责任，而这通常被改革者所忽略。移民者有可能通过坚持某些行为来维护其文化。他们可能会形成单独的社区和宗教活动中心，正如犹太人所 126
表现的，他们的民族或宗教组织为其提供了一种独特的社会生活区域。一些群体——以意大利人为首——尽力让大多数女人留在家庭内做家务，以防她们与外界有过多接触。例如，与斯拉夫移民的表现不同，意大利移民会阻止本民族女性做佣人，因为在这种环境中可能会产生相互冲突的家庭价值观。移民前就已婚的女人通常会抵制被同化，坚持讲母语，并且其活动范围局限在家中或者本民族社区。她们可能会感到极度迷失或者困惑，但是她们的改变有限。单身女性和移民的女儿们很少抵制同化。女儿们比她们的母亲从事工作的可能性更大，她们接触英语和新习惯的机会也因此更多，这为围绕移民的诸多问题增加了隔代之间的冲突和愧疚。一位女性移民评论道：“那么，我们因此而处于两个世界了吗？”

在压力和防御之中，迅速产生了一些基本的调整，这反映了价值观的重要转变。由于出生率的下降，出现了关于孩子和养育子女的新观念。犹太人的出生率（呈下降趋势）迅速地向国家平均水平靠拢，意大利裔美国人的出生率则在逐步靠近平均水平。意大利裔美国人大多是天主教徒，其教会反对任何人工的控制生育的办法，但即使是他们的转变也远比 19 世纪时的主要移民群体——德国人早期采用新方法控制出生率的转变迅速。意大利人称他们降低出生率的办法是“按美国人的方式睡觉”，即分床或分房间睡。然而，女人逐渐了解了其他限制出生率的方法，包括使用子宫帽和避孕套。文化接触的各种来源明显多样化了。移民们关于教育和童工的观念也在变化，也日渐意识到应该重视儿童教育，至少要接受小学教育，同时母亲要在家中做好安排。有趣的是，移民者的女儿通常比儿子上学要久，因为很少有适合十几岁少女的工作，接受教育更多的好处是赋予女孩成为白领的素质。婚姻观念在改变。移民的离婚率比土生土长的美国人低，但是关于婚姻应该是自由结合、以爱为基础以及不受家庭暴力影响的观念迅速传播。与之相关的是,女性移民开始比其母亲结婚晚,这不仅反映了新的工作模式的出现,而且也反映出对如何开始一段婚姻所怀的新期望。

这些个人价值观上的变化并没有演变成无所特色的民族大熔炉性质的大杂烩。大多数移民仍保留着其自身的宗教和伦理观念,很少有人皈依新教。灌输给他们的一些家庭价值观就其传统标准而言也具有意义。历史学家研究过在铺天盖地的广告影响下,移民们如何根据民族习惯和偏
127 好来选择消费产品。一些创新也反映了文化的融合。分房而睡的意大利夫妻通常与同性孩子们同睡,这也不是土生土长的美国人的主要模式。尽管关于婚姻内涵的观念有所转变,但是通常还是拥有共同民族背景的人才会结婚。在移民生活的巨大压力下,也发生了一些不可思议的文化融合。

中国移民者

受到美国文化最强烈性的别压力的一个群体是中国女性移民,并由她们而影响到男性。19 世纪中期,由于美国对劳动力的需求(尤其是美国西部的铁路建设需要)以及中国人口的增长,中国人开始向美国移民。大多数移民为男性。他们很快遭遇了严重的种族歧视,包括来自美国工人阶级对竞争的担心。然而,由于包办婚姻,或者出于为男人提供性服务的需要,一些女人也来到美国。有的女人被家人卖身,另外一些则被没有兑现的婚姻允诺所欺骗。

这里有关于为带来文化转变所做的各种努力的充足材料。除了限制进一步移民的努力之外,例如 19 世纪 80 年代加利福尼亚通过的限制性法律,一些美国改革者想要拯救这些女性。19 世纪 70 年代开始采取一些措施,但直到 20 世纪前几十年,这些措施才得到加强。中产阶级新教徒对他们认为所了解的中国父权结构感到震惊,当然包括缠足习俗。中国女性的极度低下地位不符合当时主流社会关于女性是家庭的道德仲裁者的普遍观念。对移民来说,由于他们本身有恪守顺从的观念,许多人半信半疑地

接受这种模式，而儒家观念加上失调的性别比率，导致了赤裸裸的性剥削。许多中国男性移民也在美国遭到了歧视，这损害了他们珍贵的男子气概。铁路工作结束后，许多男人不得不从事洗衣这一传统意义上的女性工作，所造成的困窘可想而知。对美国人而言，对移民者的性剥削，例如围绕唐人街妓院形成的城市红灯区，挑战了主流文化一直所强调的谨慎性行为观念，该观念努力把性行为限制在婚姻内或者完全限制性行为。随之产生的震惊发展为对中国人的种族攻击，但是还有一些改革的努力。

以救世主自称的新教，例如旧金山的长老会（1874—1939 年）试图改变中国传统和移民女性的境况。加入长老会的女性会得到保护，不受男性侵犯。她们被积极灌输以基督教思想，许多人都接受了这些思想，同时还有美国家庭的理想模式，即由男性主导，而女性是纯洁道德模范的模式。 128
"基于基督教原则"的家庭模式被改革者视为"从异教主义上升到文明的第一步"。女性日常工作本身在他们眼中也很重要，可以约束性行为。与成功的华裔美国男性（如果可能的话，华裔基督徒男性）的婚姻往往比较成功。有趣的是，但是也令新教官员困扰的是，改革活动还延伸到了结婚之后。正是因为中国妻子所形成的新期望，她们会积极申诉对婚姻的不满，尤其是在受到身体虐待后。这里，教会还试图直接改变男人，使他们断除儒家传统所赋予的优越性。典型的例子是关于那些无法生育的女人：根据更为传统的制度，她们的丈夫通常会纳妾或者再娶妻，但是被灌输以美国主流家庭价值观的妻子们会强烈反对。

但是，甚至在女性当中，改革者的努力也没有取得一致的成功。一些本能够进入避难所的人拒绝了这一选择。他们知道这里的体制有多么严格，对于他们的价值观有多么陌生，因此他们选择继续我行我素。一些人抱着特殊目的进入避难所：想从性剥削中得到暂时庇护但却不会屈从于一套新观念。文化接触的一个不变之处是多样化的反应。另一个不变之处是，文化接触方，甚至是毫无权力的人们，在重塑主要文化体系为其所用的同时，却没有接受整个观念体系方面的能力。此外，即使是充分转变的女性也没有完全进入美国主流社会。种族主义阻碍了这一过程——坚持嫁给华裔男性的做法将大多数女性局限在美国社会特别的经济和住宅区域，这种状况一直持续到20世纪中期。但是至少一定程度上还有转变，并且在某些情况发展格外迅速。巨大的文化差异、侵扰一些女性而使她们发生改变的一系列问题，加上一群自信的美国改革者，在移民世界创造出非同寻常的文化交流个案。

当代移民

20世纪晚期和21世纪早期，西欧、北美和其他一些繁荣中心的移民率激增。来自南亚和菲律宾、非洲和中东、拉丁美洲和加勒比海的人们成为主要的移民群体，相较于20世纪早期的许多移民，移民目的地的文化对他们来说更加陌生。此外，由于航空旅行的发展，一些移民现在有了更多的机会定期回家。这可能会有助于传统的保留，或者创造出需要“双重文
129 化”身份的有趣现象，即在一定程度上对新居住地和家乡的习惯都感到比较自在。举一个极端的例子：在欧洲或美国学习的沙特阿拉伯女人会穿上西式服装，还会开车，但是之后又回到要求遮面和禁止开车的环境中。

像以前一样，性别问题受到新一轮全球移民新浪潮中文化接触的深刻影响。一些群体应对新环境时，寻求加强性别传统，以此作为身份象征，同时避免受到较大程度的改变。许多印度移民，虽然适应了欧洲或美国的教育和商业模式，却特别强调包办婚姻的重要性，有时会返回家中接受家人为其挑选的配偶。

一些改变仍不可避免。一种特别新鲜的情况是，菲律宾移民大多数是女性，在西方还有波斯湾国家从事保姆或看护工作。她们旅居国外没有男性陪伴，通常把丈夫和孩子留在家中。她们的目的不仅仅是经济机会，而且也是为了逃避家庭暴力，因为作为虔诚的天主教徒，她们不能靠离婚来得到解脱。

前往美国的拉丁美洲移民表现出了较熟悉的改变迹象，尤其是第二代或第三代移民，虽然他们的出生率比美国标准略高，并且拥有所鼓吹的“大男子主义”和家庭稳固的文化力量。到20世纪八九十年代，这个迅速增长的群体表现出了可预见的传统主义与适应性的结合。家庭成员数不

仅比平均水平多，而且还包括了父母和孩子以外的亲戚成员；依赖大家庭的传统继续流行。但是女性越来越想要走出家门进入劳动力市场，到20世纪90年代，她们在工作上的参与率仅比欧美女性或“英国女人”略低。离婚率也开始上升，并且接近全国水平。男女间的政治差异开始出现，也类似于全国模式。例如，到20世纪90年代，拉丁美洲女性比男性更赞同枪支管制，同美国整体社会一样，表现出了同样的性别不平衡现象。

到21世纪，移民和适应模式产生了超出移民本身的影响。因为移民们会经常回国，至少是探亲，他们的经历也同样在家乡产生了一些影响——另一种复杂的当代接触。

结 论

移民所经历的文化接触是20世纪世界历史上的一个重要特征，值得与更为熟知的文化接触个案进行对比——例如，第十二章的主要内容，即普遍的外来影响对中国国内性别习惯所产生的影响，明显不同于美国华裔的密集交流。

20世纪早期的美国移民经历本身各不相同，也表现出了一些特殊的 130
特征。改革者对另一套价值观的自信不会永远保持下去。例如，到20世纪30年代，长老会的美国华裔女性数量开始下降，部分原因是由于放松了中产阶级的性约束观念。道德观念的宣扬变得越来越模糊。（有趣的是，与此同时美国华裔却不断地为同化做出努力，包括定期举办美国华裔选美比赛以表示与主流消费主义的联系。）与美国之外的移民情况相比，美国对于文化改革的热情的确非同一般地强烈。这种热情不仅来自一个高度移民社会对于过度多样化的担心，而且来自相信移民的生存状况能够得到改善的乐观信念。其他社会对于同化的担心较少，或认为移民应该被永久隔离，因为他们的劣等性是无法改变的。因此美国个案不能被当作一个普遍的典型。移民经历的重要性——对于移民本身、移居社会的人们以及原住地遭遇回流移民或听说过他们或思考过此过程的人们而言——在世界历史近期不断变化的文化接触舞台中扮演着关键角色。

延伸阅读

Judy Yung, *Unbound Feet. A Social History of Chinese Women in San Francisco*（Berkeley, Calif.: University of California Press, 1995）; Doris Weatherford, *Foreign and Female: Immigrant Women in America, 1840–1930,* 2nd edn（New York: Facts on File, 1995）; Kathie Friedman-Kasaba, *Memories of Migration: Gender, Ethnicity, and Work in the Lives of Jewish and Italian Women in New York, 1870–1924*（Albany, NY: State University of New York Press, 1996）; Ronald Takaki, *Strangers from a Different Shore: A History of Asian Americans,* 2nd edn（Boston, Mass.: Little, Brown, 1989）.

第十一章

新的国际影响：女权主义与马克思主义

20、21世纪社会交流的一个鲜明特征是出现了新的国际组织和国际运动，不管是有意还是无意，它们深刻影响了两性之间的关系。其中一些机构在世界上未曾有过先例。国际政府论坛的建立是一种新的尝试——如两次世界大战期间的国际联盟以及二战后成立的联合国。联合国试图订立对待女性的标准，这种标准必须通过外部社会对于某一社会内性别状况的文化和政治影响研究来评定。 131

跨国企业的产生也是新生事物。跨国贸易公司开创了先例，19世纪的工业企业也在不同国家建立了分部，但是生产设施遍布全球的真正跨国企业是20世纪的创新，它在影响性别观念方面发挥着独特的作用。与跨国企业相关的是国际商业文化中新生事物的发展。20世纪20年代以来，电影开始在全球流行。20世纪50年代以后，电视节目广泛传播。国际体育赛事吸引了世界历史上最大的观众群。类似迪士尼和地中海俱乐部之类的企业开始在全世界建立旅游中心或分销点：米老鼠成为了闻名全球的啮齿类动物。

马克思主义的兴起，这一20世纪欧洲之外的另一种广泛运动，毫无疑问是一种当代意识形态，但是它的作用可以与早期教会相提并论，即寻求在鲜明的真理信念的基础上把信仰传播到单一社会之外。换句话说，国际意识形态运动在世界历史上并不新奇，但是马克思主义致力于纯粹世俗的改革，与早期宗教运动明显不同（原则上马克思主义者极度反对宗教）。

最后，以变革男女关系为目标的女权主义作为一种国际力量出现了，
132 虽然还未在大多数国家成立如同在西欧和美国所成立的大规模组织。女权主义起源于 19 世纪（但是 18 世纪晚期关于自由和平等的启蒙思想为女权主义创作带来了灵感）。早期活动中心包括英国和美国。有组织的女权主义反映了新的观念、女性教育的进步以及对男性权利和经济力量剥夺了女性权利的认识。许多 19 世纪的女权主义者也接纳了维多利亚时期关于女性特殊道德力量的观念。女权主义问题各种各样，但是到 1900 年，女权主义者逐渐团结在一起，努力争取选举和相关法律平等权利。斯堪的纳维亚、澳大利亚、美国、德国和其他一些地区的女性获得了选举权，20 世纪中期，发展了几十年的女权主义运动略微减弱，到 20 世纪 60 年代再次兴起，发出了新的呼吁，包括在职场中更全面的平等权。从一开始，西方女权主义者就保持着跨越国界的联系。例如，19 世纪英国和美国的女权主义者联系密切。20 世纪晚期，具有影响力的法国作家西蒙娜·德·波伏瓦及其力作《第二性》点燃了美国的女权主义。到 20 世纪早期，女权主义开始蔓延到西方之外（比如中国），评论如何改善女性的境况。女权主义在国际组织中的影响力高涨，尤其从 20 世纪 70 年代以来开始对性别问题发表意见。一个真正的国际女权主义组织仍未出现，但是女权主义影响可以被看作 20 世纪一种新的交流形式。

20 世纪的跨国影响多种多样，产生了各种可预测的结果。从这个意义上看，我们仍在审视国际交流对性别影响过程中经常涌现的紧张关系和矛盾问题。跨国影响也有另一特征，这使它们能够与其他文化接触案例进行深入对比而不仅仅流于表面：这些力量来自多国，但大多源于 20 世纪一些非常强大的社会。相对来说，很少有来自另一方向的反馈，例如非洲或中东对工业国家性别模式的反馈。跨国企业几乎在每一个有人居住的洲和大多数岛屿都有基地，但是权力中心位于美国、西欧和日本；因此，它们是主导社会与被主导社会经济力量关系的最新表现，对女性的影响也有同样熟悉的基调。同样的情况也存在于文化传播渠道。20 世纪 20 年代，好莱坞成为世界电影之都；到 20 世纪 80 年代，流行文化出口位居美国出口名单第二位（仅次于航空设备）。国际流行文化基本上是一种混

合着欧洲口味的美国产品。国际马克思主义最早源自西欧，1917年后来
自苏联。它本着真挚的国际主义精神，但是影响来源分布不均。显然，甚 133
至在20世纪末女权主义仍植根在西方，尽管西方以外也有一些重要的女权主义个体呼声及相关的多样性。最后——这是一个最为复杂的情况，类似联合国一类的国际组织虽然受到各种影响，但通常在性别问题上采取超常的西方式标准。这方面需要做出说明和解释。然而，总的观点从一开始就应该清晰可见。20世纪的世界出现了真正非同寻常，同样也非常强烈的国际互动和影响的形式。然而，其中许多形式继续体现了某些强大社会与其他处于接受影响一方的社会之间的接触。这一特点导致了结果的复杂性，受到影响的社会一方面面临着不可避免的压力，同时还寻求选择甚至是抵抗。

本章追溯文化国际化新背景下的接触主题，尤其是20世纪前六七十年。最后将讨论最近出现的主题。本章分析两个案例，主要涉及马克思主义、女权主义以及国际组织的职能。目的是关注某些社会所受到的主要国际影响，在这里新型的接触与历史上的接触经历表现出大致相同的特征。案例各不相同。20世纪的中国受到国际女权主义，当然还有马克思主义的影响。这段历史说明了这些影响（加上早期的一些传教影响）如何促进了国家变革力量稳固体系的形成。非殖民地化之后（即20世纪60年代后）的非洲成为了国际团体和标准（包括联合国的作用）有所作为的一个很好的试验场。

最后一个需要介绍的要点：本章讨论的主要国际运动都目的鲜明，并且确实寻求改善女性境况，例如中国和非洲。（我们将会在下一章转向讨论其他影响，例如国际贸易文化，那些并非明确致力于改革的影响。）女性问题不是马克思主义者的首要目标，但马克思主义者也涉及了性别问题的讨论，把它作为消除传统压迫的内容。显然，联合国和女权主义者明确致力于改善女性处境。本书所讨论的早期接触没有如此明确的关于性别问题的改革，虽然我们看到一些传教运动，甚至一些殖民干预带有一些改革的思想。更明确的改革到底有何重要性呢？拥有良好的意图并不等于有效的行动；良好的意图会受到文化的限制，并且往往依赖外来观念对男

女关系的看法，以致在具体环境中不起作用。显然，这里是另外一些在处理文化接触的现代转变中需要思考的问题。

马克思主义和女权主义作为国际力量在 19 世纪晚期开始形成，在 20
134 世纪前几十年影响日渐增强。两者通过国际接触的新形式对性别产生了强烈影响，但是也都表现出了一些局限性。

马克思及其追随者，主张发动革命反对资本主义社会，把性别变革作为这项运动的副产品。他们反对性别不平等：经常对婚姻中女性的低下地位的不公正现象发表评论，认为是罪恶的资本主义剥削导致了卖淫等现象。解决之道当然是在无产阶级革命的旗帜下，以共产主义来取代资本主义。换言之，性别变革并不是这项运动的首要关注点。马克思主义能够为某些改革道路提供借鉴，但不一定能起到实质性作用。但毫无疑问的是，马克思主义者打算推翻性别不平等还有其他方面的不平等现象，他们努力把马克思主义传播到全球，寻求在全世界取代资本主义，这种努力会对许多社会的性别传统产生巨大影响。

19 世纪中期女权主义者开始了争取新权利的运动，运动的核心问题显然是性别关系的变革。至少在原则上她们很快转向了国际主义。1868 年，第一个国际女权主义组织在瑞典人玛丽·格雷格的领导下诞生。19 世纪 70 年代举行了几次国际会议，接着 80 年代形成了三个更为成熟的国际组织。这些组织呼吁个体社会女性状况的变革，为女性争取平等权、财产保护、教育权，之后还包括选举权。言论中经常提及“在整个文明世界”重塑社会的需要。

女权主义组织以全球使命为根本，但是实际上这些组织基本上是西方式的——欧洲式和美国式——国家导向长期以来超越了任何有效的国际主义精神。到 20 世纪早期，女权主义大会通常会包括一些来自中东、中国或非洲的代表，但仍围绕着坚定的西方目标和领导展开。最为有效的国际运动并非以广泛的女权主义目标为主，而是关注具体问题，例如国际间的性交易——1900 年前后为人们所熟知和担忧的“白奴交易”问题。虽然阿根廷等国家对卖淫制定了新规定来应对“白奴”问题，但此项举措对更广泛的性别关系模式几乎没有产生影响。

虽然比马克思主义更为模糊，但是国际女权主义仍然为争取变革提供了跨区域模式。某些国家内的一些小规模运动对以西方为主的倡导作出了回应。例如，到20世纪20年代，中国成立了一些组织来倡导女性选举权，被西方领导者赞誉为分享了“唤醒世界上所有国家女性”的共同视野。接着，女权主义者张肖梅（Siao-Mei Djang）为国际运动撰写了小册子， 135
再次提到“女性普遍存在的问题”。此外，20世纪20年代国际联盟的成立使当下拥有了一个国际机构，它重视女性权利请愿，并使之得到宣传。有利于更多具体变革发生的环境形成了。

马克思主义和国际女权主义使各个国家之间或国际组织与国家之间开展了广泛的接触，这种新的接触可以通过两个例子来说明。中国受到国际女权主义和之后的共产主义的强烈影响；非洲虽较少受到共产主义的影响，但是受到了国际女权主义一波又一波的广泛冲击。这两个例子中的接触都开始于19世纪，在20世纪初期得到加强，之后在最近几十年间继续发展（虽然也产生了复杂性和抵制）。

中国案例：传教士、女权主义者和马克思主义者

儒家思想影响下的中国很早以前就是典型的父权制度社会。大体上，儒家思想赋予了女性重要职责，女性的作用很关键但却地位低下；撇开意识形态不论，在主要的农业经济中女性的工作尤其必要。但是毋庸置疑的是，大多数女性在中国体制下处于完全弱势的地位。我们也已经看到，中国女性的境况随时间的推移而恶化，尤其是在诸如缠足之类的习俗制度下。

中国对19世纪30年代之后强加于它的新型国际接触的适应相对缓慢。中国拥有深厚的传统，不仅保持政治上的独立（只是在古典时期之后偶尔受到干扰），还保持着相当的文化孤立。长期以来，中国对世界贸易做出了较大贡献，但是却不依赖世界贸易，因为它本身具备了丰富的内部生产条件和良好的商业基础。因为传统，中国在应对变化时，调整就变得比较复杂。中国与西欧的新接触是被迫开始的，正如1840年开始的第一次

鸦片战争，导致了中国市场的对外开放。到19世纪晚期，欧洲和美国商人对中国的经济干预日渐增多，同时开始了长期租约形式的领土掠夺，尤其是在港口城市。英国、法国、德国和俄国都参与到此次掠夺中；在1894年对华战争后，日本也加入掠夺之列。这些事件极大地增加了中国与外国接触的机会，无论是否出于自愿。但是当时中国的官方政策试图减少变革，仅在行政程序和军事结构上寻求略微调整。中国只是在19世纪90年代才开始了更为全面的行动，送学生到国外留学，同时开辟了其他变革之路。

136 就在此时，国际接触开始影响性别关系。如同前期朝鲜和其他地区一样，西方的性别观念被当作解放性的挑战。基督教传教士也在中国的早期调整上发挥了重要作用，批判缠足之类的习俗，并开设女子学校。新教徒也持续赞助小部分中国女学生到美国和欧洲的大学留学。这些重要发展都为人所熟知。不同寻常的是广泛的改革压力，甚至女权主义运动也以迅雷之势在中国出现，反映了中国国内蓄势已久的改革势头以及在这股大潮之中性别问题所起的重要作用，此时西方强烈并且明确地推动女权运动。

19世纪90年代，激进的知识分子迅速捕捉女性问题，将其作为推动中国成为有效现代社会必要改革方案的一部分。缠足，这一异常突显的差异，可以佐证这种关注。改革运动的领袖——康有为注意到，缠足对于西方观察者而言，令中国看起来是如此的落后（这一尴尬的因素，已在世界历史上升级）："最骇笑取辱者，莫过妇女裹足一事……试观欧美之人，体直气壮，为其母不裹足，传种易强也。"报纸上以及向政府的请愿中，对缠足习俗的批判激增。由知识分子组成的社会力量极力劝说农民终止这项习俗；许多人还引进了西方女性的鞋子，把这一运动推到了极致。女性教育是改革的第二个重点，对西方进展的了解以及在中国建立的传教学校推动了女性教育的发展。教会学校固然教授矜持端庄的行为举止，但是也抨击女性的旧况，督促女性准备参与积极的生活，无论是在医疗、教学领域，或者仅仅是作为妻子。留学奖学金进一步扩大了这种影响。新学校创办了女性杂志，进一步宣传性别传统的改革。由此，令人意想不到的明确的女权主义产生了，它是中国国情与西方模式接触之下的产物。因此，北京较早时期的一份妇女杂志写道：

> 哦，两亿中国人，我们的姐妹们，听着！在中国据说男人是尊贵的，女人是卑微的；男人是高尚的，女人是邪恶的，男人应该指挥，女人需要顺从……但我们不是受男人的控制。男人和女人的本质同一本是天理。那么，又怎能做出区分并且宣称男人是某种性质，而女人却是另外一种。

或者引用 1907 年一位上海教师金九（Jiu Jin）的话：

> 男人和女人生来平等，
> 为什么我们应该让男人当道？
> 我们将站起来保护自己， 137
> 摆脱国家所有的耻辱。

女性团体开始团结起来关注各种问题，包括吸食鸦片的问题。女性不仅在崛起的革命社会中起到了积极的作用，并且某种程度上在 1911 年推翻帝制的革命中扮演着积极的角色——例如她们也扛起武器并且参与从国外向国内运送武器的活动。革命之后，轰轰烈烈的选举权争取运动开始了，与西方模式联系紧密。一位美国访客指出，女人们问他的第一个问题是“告诉我们英国妇女的参政情况”，而中华女子参政会是对英国相应团体的直接模仿。许多女权主义领袖开始穿着西式或者中国男性服饰，这两种风格都被认为是妇女解放的标志。当然，这些运动的规模是有限的，对农民大众几乎没有产生影响。对许多女性而言，剥削廉价辛苦劳动力的外国工厂的扩张，是一种远比西方文化模式所鼓励的任何女权主义形式都更重要的改变，而且，甚至革命之后，政府并未特别对其表现出同情。

然而，女权主义浪潮趋势一直持续着，20 世纪 20 年代加大了对西方女权主义模式的借鉴。改革文章援引西方模式——男女之间的社会交往，女性在诸如法律和医学职业领域的崛起——成为与儒家思想不平等性的鲜明对比。不断出现的的女性出版物经常翻译与英国女权主义有关的文章。改革者开始扩大改革领域，例如，强烈要求婚姻中的平等和自由选择权。像西方的女权主义者一样，她们也开始鼓动攻击卖淫现象，呼吁改善女工处境以及提倡自由的离婚法。女学生开始穿着西式服装，把头发剪成最近流行的式样，同时还积极参加政治和女权主义组织。仿效美国模式的女性俱乐部在一些城市出现，为那些与牢固传统，甚至是与自己母亲意愿做顽强斗争的女权主义者提供支持。

一些具体运动还得到了西方拥护者的支持。1919 年，克莱尔和休·哈斯尔伍德来到香港，在那里休约见了英国殖民管理者。他们了解了“蓄婢”（*mui tsai*）习俗，即年轻的女孩被家人卖身为仆。哈斯尔伍德视此为“奴隶制”现象（不一定是此情况），唤醒了国际和中国对于废除这项习俗的改革主义思想。之后产生了诸多争论，这项运动一直持续到 20 世纪 40 年代中国共产主义胜利时，其影响才被淡化。

然而，20 世纪 20 年代后期开始出现明显偏离纯粹的西方模式的情况。根据许多激进分子的观点，争取选举权的抗争在中国国情下看上去不
138 切实际或者毫不相关。基督教传教士此时显得太过温顺，过于关注祈祷和善行；甚至他们与女权主义的关系也遭到怀疑。西方观察者的观点似乎不再准确，他们的观点通常是支持西方商业利益的。在这种环境下，加上与中国政府的交涉中所一直遭遇的问题，许多女性领袖开始转向另一种外国模式，即苏联模式。苏联的情况似乎能够为女性和其他团体带来更加系统的变革借鉴，这意味着应该把注意力从对婚姻或选举问题的局部关注，转移到使女性处于依赖地位的社会经济条件的广泛攻击上来。

在西方和俄国发展起来的马克思主义对性别问题的态度是混合性的。许多马克思主义领导者迫切渴望工人阶级的进步，认为男性工人管制妻子和女儿是一种正常现象；性别平衡的变革不是他们日程的一部分。俄国领导者虽然原则上拥护女性权利，最后（到 20 世纪 20 年代晚期）转向了保守的家庭政策。然而，马克思主义的确支持变革，因为原则上它要争取所有被压迫人民的自由。苏联领导者谈到女性工作和选举权利的重要性，有意将女性置于明显的，虽然通常是象征性的领导地位。中国共产主义者在与苏联同事密切合作中了解到这些信息，也利用当时中国妇女运动的势头，迅速制定了自己的性别改革目标。1928 年在莫斯科（近郊）

召开的中国共产党大会因此决议把“实现妇女解放”作为其纲领之一。

20世纪20年代运动发生时，中国共产主义领导人开始关注女性问题，这其中有许多原因。在共产主义者争取掌权之时，让女性积极加入其同盟，甚至参与军事战斗，这对他们来说是一个重要优势。马克思主义理论的影响也是一个强有力的推动。但是中国部分领导人也受到了与苏联领导者早期接触的强烈影响。20世纪最初几十年里，经常对女性解放话题发表言论的苏联共产主义者和无政府主义者对来访的中国学生和领导者产生了显著影响。不足为奇的是，中国共产主义者清楚地指出女性遭遇“特殊压迫”，鼓励女性成立女性互助组，甚至包括农村地区，并且承诺共产党的胜利将给予其平等合法的地位与物质条件。尤其有趣的是，鼓励女性“诉苦”——即说出她们身为女性所受的苦（非常像西方女权主义者之后所称的“意识觉醒”）——作为唤醒普通百姓进行革命反抗的一部分。

同其他地区的共产主义运动一样，中国共产主义领导者在平衡关注女性需求和实现工人阶级与农民解放的宏大目标之间的关系上遇到了一些问题。他们严厉批判那些脱离伟大革命目标的女权主义运动。但是， 139
共产主义者们坚持动员女性以及彻底调整性别关系的重要性，他们逐渐掌握了中国女性运动的领导权。因此共产主义者很快开始倡导离婚权，反对童养媳、一夫多妻制和包办婚姻，支持女性继承权。毛泽东称，虽然中国各阶层民众都受到不公平当局的统治，但女性尤其承受着“男子的支配”的重压。到1929年，在成立女性团体组织之时，共产党呼吁全面解放女性……使女性逐步获得从家庭劳动枷锁中解放出来的物质基础，给予她们参与整个社会经济、政治和文化生活的可能。

女性被积极吸收成为共产党成员和代表，在地方组织中占据成员总数的25%。关于农民和工人阶级的文章，与工人阶级和女性需求交织在一起，后者包括对儒家思想明确的攻击，制定特别指令，“剪短头发，解放双脚”，以及“为婚姻自由而斗争”。呼吁女性走出家门担任新的工作，或直接加入到反对国民政府和日本侵略者的斗争中去。流行剧目戏剧化地描绘了勇敢反对父亲或丈夫压迫的英雄式女性。到20世纪30年代，在共产主义控制下的地区，女性团体成功地使男性改变了他们对待女性的方式，例如，停止对女性使用暴力。到 1943 年，共产党妇女联盟的成员数超过了两百万。

1949 年共产主义取得胜利之后，中国颁布了关于男女完全平等的新宪法。“妇女在政治的、经济的、文化教育的、社会的生活各方面，均有与男子平等的权利。”女性继续被积极招募进地方领导委员会，到 20 世纪 50 年代中期，某些地区女性领导成员数上升至 48% 之多。1950 年，一项以马克思主义原则和苏联经验为基础的法律坚持婚姻伴侣的自由选择、一夫一妻制和对女性权利的保护。在双方均同意的情况下可以离婚，如果一方拒绝，可以通过协议解决。小册子和大字报向未受教育者传播了新的法律知识。教育的普及积极地延伸至女性，女性也被鼓励在工厂和其他部门工作，让她们走出家门（也可以促进国民生产）。虽然共产主义政策偶尔会发生变化，但是生育控制政策一直得到支持，还设立了儿童保育设施以减少身为母亲的负担。这里，苏联典范再次在制定新计划上起了作用。

这些政策不可避免地会遭到一些反对。许多男性和一些年长女性反
140 对婚姻结构的改变。例如，一些年长女性辩称，妻子只要是挨婆婆打就是合理的。共产党内部也表现了一些犹豫不决的态度，有时反对女性过分的激进。但是，女性现在可以承担的角色以及家庭关系发生变化的可能性在逐渐扩大。各种国外典范以及运动，包括女权主义和马克思主义，共同为实质性的变革制造了强烈的内部压力，并将其与彻底的革命联系在一起。虽然仍存在一些或有趣或麻烦的过去残余，20 世纪末的中国已经不再是一个纯粹的父权制度堡垒。

非洲、国际组织的作用和国际法

撒哈拉以南的非洲是一个广袤丰沛的次大陆，在民族独立运动之前发生了两种与性别相关的国际接触。首先，正如我们在第八章谈到的，传教活动以及一些殖民法令在某种程度上以传统男女关系的某些方面为目标。传教士试图改变非洲的某些婚姻习俗，同时也经常宣扬女性教育的新形式。殖民官员通常不愿意干预当地习俗，因为担心抵制会影响政治稳定。

但是他们倾向于制定西方式的法律来鼓励私有财产，确立男人为一家之主，也偶尔对反对某些习俗的行为进行干预，例如按西方标准看来极不道德的女性割礼习俗。第二种影响来自20世纪上半叶所发展的非洲殖民经济的运作。非洲矿业和城市工作的劳动力大部分招募的是男性，把许多女人留在农村，从事着比传统工作更加无经济价值的活动。在这一长期褒扬凝聚力的文化中，家庭通常也不再稳定。这种模式在非洲一直持续到20世纪晚期。

20世纪早期几十年里，西方殖民主义控制在非洲全面展开，继续着它批判当地各种性别习俗的一贯使命，如我们已经在讨论19世纪时谈到的。然而，随着更为全面的行政管理和日益发展的基督教传教活动，其他问题也开始出现。

例如，从20世纪20年代以来女性割礼引发了一次极有趣的相互影 141
响。欧洲和美国传教士以及一些殖民官员开始攻击这一习俗，使用诸如“野蛮的”和“残害的”之类词语描述它。欧洲和美国政客，包括女权主义领袖，对此也发起了攻击。英国议会的争论结果要求对这一习俗采取严厉措施。但是各方都存在复杂情况。首先，许多非洲男人珍视这一习俗，将它作为特殊身份象征的一部分。当他们对经济和政治生活失去控制时，维持性别标准似乎非常重要。毫不意外的是，许多民族主义领袖回应了他们的担忧，有时声称女性割礼不仅没有痛苦，而且对民族大业是非常必要的。许多女性也赞同。一些女人对于其能够忍受割礼过程还感到“真正的”自豪，深信割礼使她们成为真正的女人。其他女人只是接受割礼习俗来反对外部干预。欧洲方面意见也并不一致。许多殖民统治者想避免挑起事端；国内的一些政客把嘲笑反割礼运动作为攻击女权主义的一种手段。例如，英国保守主义者在一次争论中大喊：“女人不重要！”意料之中的是，二战之前几乎没有发生改变。此后，正如我们看到的，在国际社会的影响下，在非洲的运动继续进行，一些民族领袖开始反对割礼习俗。即使在那时，通常的结果是习俗的演变，而非普遍的摒弃。

20世纪民族主义的崛起对女性来说是一把双刃剑。女性参与到民族主义运动中，许多女人希望民族独立有助于引起性别变革。例如，她们参与抗议游行，为了促使殖民权威者释放监狱中的民族主义领袖。尤其在受教育的城市女性中，一种新的政治意识觉醒了。许多民族主义领袖也发表声明要求结束一夫多妻制，并且赋予女性选举权。但是大多数民族领袖是男性。独立后巩固新国家是一项重要任务，这很容易取代对女性问题的关注。的确，这会成为危险的干扰因素。此外，非洲民族主义像所有民族主义一样，包含了强烈的传统主义元素，性别传统会成为一些领袖寻求保护国家和男性身份的一个重要标志。

例如，在科特迪瓦，这个曾经的法国殖民地，1960 年独立后多种混合力量开始发挥作用。政府颁布了宪法，保证所有公民的平等权利，不论何种性别。但是之后，1964 年政府制定了一部更为父权制度的家庭法令（虽然不是传统的法令，其中要求一夫一妻制，并且宣扬以男性为主导的核心
142 家庭，而不是保护妻子的那种传统大家庭）；丈夫被认为是无可争议的一家之主，而寡妇的财产权仅限于继承全部财产的一半。丈夫获得了极大的权利管理家庭财产，包括妻子的工作和工资。私生子被认可为合法，这间接承认了男人可以并且可能会通奸。在表述新法律时，司法部长清楚地声明家庭中男女不平等。这是一个典型的后殖民复杂混合体，将争取平等、支持基督教家庭传统元素（即强调核心家庭和丈夫权力）的努力以及一些非洲习俗相结合。

总之，到 1970 年，非洲的性别关系出现了一系列的矛盾和复杂情况。它们不再传统，但是也并未朝着一致的方向演变。在国际社会实施压力的环境下，一些专门针对非洲的压力可能会产生非同寻常的影响。

此外，20 世纪 70 年代国际组织增强了对性别问题的关注。这有过先例。1919 年法国女权主义者举行了一次国际会议，以影响一战后的和平会议，但是收效甚微，仅仅是在新的国际劳动组织（国际联盟的机构之一）中提到女性。各种各样的国际女性团体（虽然最初是西方主导的）出现了，包括基督教女青年会、国际大学妇女联合会和国际商业与职业妇女联合会。20 世纪 20 年代美国女权主义者前往拉丁美洲，帮助宣传相关的政治权利，之后泛美联盟成立了美洲妇女委员会。委员会的成员们在联合国宪章的人权部分中加入了如下措辞，“不分……性别”。之后，1947 年，再次

受到来自美洲和欧洲女权主义者的压力，包括埃莉诺·罗斯福，联合国成立了妇女地位委员会。接着颁布了一系列决议，包括《消除对妇女一切形式歧视公约》。委员会所阐明的原则包括：女性在婚姻、财产所有权、工资、就业和受教育机会以及政治和法律权利方面享有平等权。对“发展中”地区，亦即像非洲这样的非工业地区尤其给予关注。

1975年，随着西方世界新一波女权主义运动的崛起，联合国倡议与主办“促进妇女进步十年”活动，并且在墨西哥城召开了第一届世界妇女大会。之后的会议分别在丹麦、肯尼亚（1985年）和中国（1995年）召开。每一次会议都有各成员国的代表出席，还有各个国家发布的关于性别问题的报告，这本身就是对变化的潜在推动。大会所拟订的新的国际条约重新强调了禁止对女性在社会、政治和经济生活等各个领域的歧视，大多数国家 143
（包括非洲国家）认可这些声明。1980年的大会还对针对女性的家庭暴力发起了强烈反击。来自发展中国家的众多学者出席了1985年的内罗毕世界妇女会议，同时一名美国女权主义者——贝拉·阿布朱格之后促使成立了妇女环境与发展组织。联合国的其他活动包括不断对另一个机构——世界卫生组织施压，促使其关注女性健康问题，包括受虐待的情况。1994年在埃及召开的关于世界人口的一个重要会议，引发了关于需要提供生育控制水平的激烈讨论，并且建议督促政府对此问题投入更多的关注，尤其是把促进女性教育作为能够提高生育控制水平社会中最重要的方面。

日渐进入白热化的国际活动对世界各地区产生了影响。各种会议和机构发布了一系列建议；各地政府部门，包括美国的一些州（例如宾夕法尼亚州），紧跟着发表了支持性声明。在这种情况下，很难不去响应如此广泛宣告的国际标准，以防自己的地区或国家看起来落后。来自世界各地的许多人参加了会议，当代表们回去向当地妇女组织和团体汇报时，既带来了丰富信息又鼓舞了人心。

非洲国家不可避免地受到了国际标准和大会活动的影响。其中大多数国家，如科特迪瓦，在独立时从原则上颁布了平等声明；非洲本没有新标准以外的明确标准，因此加入新的支持的浪潮也是自然的。（相比之下，像中国这样的国家，因对其马克思主义模式相当自信，可能对签署国际决议的需要持有某些怀疑，而美国总体上就怀疑国际组织，通常不签署相关条约。）影响表现在三个方面：有时受到新的国家声明的激励而由女性团体发起的新一波活动，虽然可能是比较谨慎的；建立在国际原则基础之上的法制活动新模式；出现了新阶段觉醒意识的一些迹象，某种程度上与国际信息的传播有关。

科特迪瓦提供了一个关于新政治活动的明显案例。到宣布成立“联合国妇女十年”组织时，该国总统正在促进此领域的发展。他宣布 1975 年为妇女年，并且成立了“妇女情况与妇女促进部”，任命一个委员会处理妇女法律平等、教育和就业等问题。受过教育的女性开始要求修改 1964 年的家庭法。她们特别关注女性缺乏管理个人收入权的不公平现象。相应
144 地，到 1983 年，新的委员会建议限制丈夫的权威，认可女性拥有经济自主权，并要求家务劳动中的分工合作。精英女性在幕后积极工作以使执政党成员信服，国民议会通过了新法律（尽管遭到了以男性主导和一夫多妻制为名义的强烈反对）。女人能够自主地选择工作，掌管工资和个人财产，以自己的名字管理银行账户。许多观察者认为这种改变将会刺激女性进一步的政治行动，尤其在教育传播更为普遍之时；实际上，20 世纪 90 年代新的女性团体不断产生，它们利用新政治多元主义和拥有的选举权抗议各种政府政策。

1981 年非洲统一组织借鉴国际法律原则通过了《非洲人权和民族权宪章》。其中的一项章程认可了 1979 年国际会议上颁布的“针对妇女权利保护一般适用的国际标准”。非洲统一组织承认自身在联合国宪章下作为区域机构的责任。它的新宪章规定：

> 成员国将履行国际声明和公约，确保消除对女性的一切歧视，并且确保对女性和儿童权利的保护。

此外：

> 鉴于目前人权标准的进步，让女性处于附属地位、受男性奴役是无法接受的。人权是对于所有人规定的文明行为和表现……在非洲，

> 女性附属于男性受到某些传统习俗的支撑，这些习俗不能不受到人权标准的影响。

一系列的法庭案件寻求把这些响亮的声明运用到具体问题中去。在坦桑尼亚，一个女人向高级法院提出申请要求驳回下级法院的裁决，该裁决赞成女人的侄子无视其权利而卖掉她从自己父亲处所继承来的土地，因为根据传统的部落法，男人有权利独自卖掉家庭土地。法院支持她的请求，法官声称："坦桑尼亚的所有女性最终能够昂首挺胸，至少在继承权方面能够与男人平等。这是漫长的女性解放之路的一部分。但是没有理由欢欣雀跃，因为在其他领域还存在更多的问题。"另一个在博茨瓦纳的案例是关于法院裁决一个博茨瓦纳女人和一个美国男人所生的孩子不是博茨瓦纳公民，因为权利仅来自父亲一方。女人辩论道，这个观念虽然植根 145
于当地传统，却与国家宪法所保证的权利不分男女的规定相悖，这一规定源自非洲宪章。法院再次以赞成法律平等权做出裁决，其中一个法官谈道，"整个世界现在比从前更加意识到以性别为由的歧视，比如……奴役，不能够再被放纵或者甚至容忍"。其他一些法庭案例，例如在乌干达，支持女性所要求的分享家庭财产的权利（通常否决下级法院的裁定——它们赞成更为传统的观念）以及寡妇或者女儿的土地继承权，甚至当时（在当时的社会，人们通常认为订立遗嘱会带来厄运）并没有明确的规定。

最终，国际声明和其他进步，如常见的男性缺席和教育的传播，令许多非洲女人相信某种改变是必要的。20世纪七八十年代接受采访的东非女人频繁地讨论对于上学和生育控制的需要："但是首先，女人必需接受教育。……男孩和女孩应该接受同样的教育。"农村官员、医生（其中一些由联合国资助），还有其他"外来者"，在传授非洲女人学习生育控制方面起了日益重要的作用；虽然非洲的人口出生率一直都比世界大部分地区高，但到20世纪90年代已经开始有所下降。非洲通常还保持着某些传统目标：强调教育需要和女性经济主动性的同一拨女人，同时还谈论着要确保当其年老时家庭会供养她们，还有避免个人主义和孤独的需要。但是至少，实现目标的方法发生了改变。

某些国际机构攻击了更加具体的问题，例如，仍在非洲东北部广泛实行的女性割礼习俗。尽管许多女性遭受严重摧残，世界卫生组织在这一方面的行动却非常谨慎；官员们提到避免破坏传统的重要性。一些殖民政府在统治结束前正式取缔了这项习俗，例如1946年英国在苏丹和肯尼亚的做法。一些更加激进的民族主义领袖，例如在埃及和埃塞俄比亚，独立后采取了同样的做法。联合国经济及社会理事会早在1958年就敦促世界卫生组织采取行动，但是它的要求遭到了拒绝，理由是“这一习俗来源于一定的社会和文化背景”。非洲女人也向联合国发出呼吁；1979年的研讨会声称，传统习俗严重地影响了女性健康。之后，在1982年，世界卫生组织采取了行动，做了如下要求：

> 政府应该采取明确的国家政策以废除女性割礼习俗，并且加强教育措施来告知大众关于女性割礼的危害。尤其是鼓励当地的女性组织参与其中，因为没有女性本身的觉醒和认可，改变不可能发生。

146 塞内加尔等地开始出现了一些通常由女性领导的团体来反对这项习俗。

国际原则在非洲的影响范围深远。当然也受到许多阻碍。许多女人，更不用说男人，仍然不同意破坏传统习俗。割礼重新在马里开始实行，一些移居法国的女人受法国法律约束不得实行这一做法，因此返回家乡给她们的女儿们实行割礼手术。法律上的变化不一定会有实践效果。女人们也会控制生育，但是通常是在生完四五个孩子之后，因为她们希望确保在疾病蔓延时一些孩子能活下来——结果仍然是人口的快速增长。非洲统一组织为监察活动提供的资金有限。个体国家通常更热衷于颁布响亮的原则，而不是将其制定为具体的保护性法律。此外，非洲宪章本身提供了一种对冲：在认可法律平等的同时，它也使国家将本国的历史传统和价值的优点考虑在内，赞成家庭是“自然单元和社会的基础”，是“社会所认可的道德和传统价值的监护者”。这里在变化和连续性之间存在明显的紧张关系，其中包括民族主义。在最近的1999年，津巴布韦法院推翻了一项支持女性继承财产的裁决，辩称根据“非洲传统”，只有男人有权拥有财产。

结论

中国和非洲提供了两个重要案例，新的国际接触与国内压力结合起来引发了巨大的改变。中国案例展现了更完整的面貌，不仅因为新接触已经进行了整整一个世纪，而且因为这些接触与根本的革命进程相互交织。然而时至今日，尤其是在农村，仍然存在传统父权制度的一些明显的残余迹象。非洲案例仍是探索性的，因为国际女权主义的压力相对来说是新生事物，也因为它们以复杂的方式与民族主义原则相互作用。此外，在某些地区，新价值观与经济衰退相冲突，女性的生产性工作机会通常在缩减。但是，两个案例中，女性地位都产生了巨大的改变，也许最重要的在于许多女性自身意识的转变，还有根深蒂固的传统与国际运动的各种信息并存。

延伸阅读

Janice Auth（ed.）, *To Beijing and Beyond, Pittsburgh and the United Nations Fourth World Conference on Women*（Pittsburgh, Pa: University of Pittsburgh Press, 1998）.

关于中国：Elisabeth Croll, *Feminism and Socialism in China*（London/ 147
Boston, Mass.: Routledge & Kegan Paul, 1978）; Christina Gilmartin, *Engendering the Chinese Revolution: Radical Women, Communist Politics, and Mass Movements in the 1920s*（Berkeley, Calif.: University of California Press, 1995）; Ono Kazuko, *Chinese Women in a Century of Revolution, 1850–1950*（Stanford, Calif.: Stanford University Press, 1989）; Arif Dirlike and Maurice Meisner（eds）, *Marxism and the Chinese Experience: Issues in Contemporary Chinese Socialism*（Armonk, NY: M.E. Sharpe, 1989）; Shirin Rai, Hilary Pilkington and Annie Phizacklea（eds）, *Women in the Face of Change: the Soviet Union, Eastern Europe, and China*（London/New York: Routledge,

1992）。参见：Lise Vogel, *Marxism and the Oppression of Women*（New Brunswick, NJ: Rutgers University Press, 1983）。

关于非洲：Rebecca Cook（ed.）, *Human Rights of Women, National and International Perspectives*（Philadelphia, Pa: University of Pennsylvania Press, 1994）; Catherine Coquery-Vidrovitch, *African Women, A Modern History*（Boulder, Colo.: Westview Press, 1997）; Cora Presley, *Kikuyu Women, the Mau Mau Rebellion, and Social Change in Kenya*（Boulder, Colo.: Westview Press, 1992）; Bolanle Awe et al.（eds）, *Women, Family, State and Economy in Africa*（Chicago, Ш.: University of Chicago Press, 1991）; Sue Charlton, *Women in Third World Development*（Boulder, Colo.: Westview Press, 1984）。

第十二章

交流与回撤：20世纪的中东

在所有与外界关于男女关系的观念和形象发生互动的社会中，中东 148
是20世纪最引人注目的一个案例。关于性别问题的关键争论，一方面集中于来自西方和国际的影响，另一方面关于伊斯兰教传统。复杂性不可避免。如第四章所见，伊斯兰教传统本身就是争论的来源：它既保护女性权利，同时也坚持女性的弱势地位，究竟哪些因素占主导地位，当代的穆斯林们还在争论不休。外界模式也不一致。由于地域上靠近欧洲，加上受多种因素和各方面的影响，许多中东地区在20世纪早期开始借鉴新的元素。此时，欧洲影响提供了各种信号，包括强调女性居家和男性为家庭主导的法令、女权主义的新潮流、教育机会和创新模式，等等。之后，在那些继续以欧洲和美国的例子为参考的社会，反映工作角色和女权主义变革的各种性别模式出现了。矛盾的传统加上处于矛盾的外在标准中，变革的发生自然也时断时续。

同其他地区一样，西方的文化典范的硬性也进一步受到了经济变革的抑制。模仿西方工业发展的尝试，加上西方对这一地区的商业入侵，往往减少了女性的经济活动领域。男性获得了更多的新工作机会，同时来自机器制造商品的竞争甚至减少了乡村女性的经济活动。在这一背景下，由于经济现实中的明显矛盾，来自西方的文化启迪也可能会无所结果，甚至会激起反抗。

20世纪时中东在政治上一片混乱的局面下又受到外界的影响。曾经统一了许多地区的强大的奥斯曼帝国在一战的影响下消失了。结果产生了许多小国，彼此之间往往敌对，所以几乎无法阻止西方经济上的，或时而
149 外交上的干预。这是关于性别的外来观念可能产生干扰的一个背景，它们使脆弱的民族身份更为复杂化，同时也与外来强权相联系，即中东人所经常感觉到的，并且有充足理由肯定的——现代帝国主义。

性别关系的哪些变化（如果有变化的话）应该被接受？针对影响这些因素，产生了相当强烈而有分歧的争论。西方世界提供了不同于地区传统的模式，而且西方的强权无可辩驳；倾向于模仿抑或是抵制，依不同社会而选择不同。在多大程度上西方化，或者不发生根本改变的其他选择是什么，这些争论在每个国家都存在。到20世纪末，各地的争论还在继续，结果也因地区而不同。本章将考察两个案例，土耳其和伊朗，在这两个地区西方的典范很早就产生了影响，但是最终的反应却有很大的不同。两种不同的环境中都发生了改变，但是既有执着的世俗主义，也保持着对宗教的弘扬。

遮面

从19世纪后期之后，新的接触模式，尤其是与西方的接触，使中东大部分地区和其他地区移民遮面习俗变成了一个的问题。遮面习俗并不是伊斯兰教本身的传统，在其他一些接受伊斯兰教的地区也并没有被采纳。但是，这一习俗却在中东和北非深深扎根，尤其是在城市，毫无疑问这种行为后来就与宗教礼仪联系起来。

19世纪时期西方观察者经常批判遮面习俗，认为这是对女性不公平待遇的一种明显表现。他们对伊斯兰教的实际性别标准知之甚少，有时甚至对自己社会的女性权利也相当敌视，这一事实也没有淡化他们的傲慢态度。因此耻笑本国女权主义的驻埃及英国长官——克罗默爵士，视遮面和女性的隔离习俗为埃及进步的致命阻碍。类似此类噪音非常之响亮和令人尴尬，所以这些地区本地改革者也逐渐接受了这一信息：遮面习俗必须戒除。

一个西化派的代表——卡西姆·阿明于1899年通过《女性的解放》一书发起了攻击，他在书中声称：给女性更多的自由（包括遮面的废除）是建立"先进文明"的基础。也就是说，他全盘接受西方的批判。阿明还提到，欧洲人发明了蒸汽和电力发动机，因此"不会不知道保护女性的方法"。

阿明的书的出版，激起了强烈的抗议。许多埃及民族主义者还有伊斯兰传统主义者都强烈反对这些西方化的变革，他们认为，这不仅会削弱宗教标准，还会改变民族身份。20世纪之后，埃及还有其他地区的女性们也经常会对遮面和其他传统服饰展开纠结的争论。一些女性倾向于全球 150
性的服饰标准，支持更多的西方化的风格——坚定地反对面纱和遮头巾。另外一些女性则倾向于坚持家庭和社会传统。为禁止遮面习俗所做的努力在一些地区（例如土耳其和伊朗）的某些性别改革中尤其突出，尽管结果各种各样。

土耳其

与西方的接触促使土耳其女性的境况发生了相当大的变化，尽管结果并不均衡。实际上在20世纪20年代现代土耳其出现之前，由奥斯曼帝国实行的一些西方化改革就已开始。例如，1863年一所女教师培训大学在伊斯坦布尔成立，之后又建立了女子小学。1908年之后开始的新一轮奥斯曼帝国改革进一步鼓励女子教育，在某些城市成立了妇女协会。女性也赢得了一些在工厂和办公室的新的工作机会，尤其是在一战期间，但是政府法令仍然规定了女性员工的裙子长度，要想在办公时间去掉面纱还需要一项特殊的宫廷法令。

奥斯曼帝国的土耳其地区此时已开始与西方接触。西方的顾问影响了帝国的军事机构，还有其他一些高等学府，例如工程中心。作为保持独立性的一种方式，土耳其改革家（尽管主要是男性）意欲使土耳其更西方化。当新的土耳其共和国于1923年成立之时，这一改革方向成为官方政策。新任领导——凯末尔·阿塔土克决心提高土耳其在西方人眼中的地位，那么性别关系的变革就很必要。他在1923年的演讲中清楚地表达了这一点：

> 我们的敌人声称，土耳其不能被称为文明国家，因为她由两个分离的部分组成：男人和女人。我们能够无视这一群体的一部分，而只
> 151 让另一部分进步，仍然给整个群体带来进步吗？前进的道路上，两个性别必须肩并肩同时行进。

改革目标是双重的，不仅关乎女性本身利益的解放。首先，土耳其必须尽力接近西方，这意味着要彻底改革伊斯兰教传统。解决这种尴尬的境况，对改革至关重要。如阿塔土克所言，类似家庭法上的法律平等性和改革等措施是土耳其决心达到西方标准的现代化文明的基本象征。其次，由于母亲们所发挥的重要社会作用，女性状况的改变是新类型经济和政治活动的前提。实质上，如果母亲们没有改变，她们的后代，无论是男性还是女性，都不会有足够的改变来建立一个更强大的国家。阿塔土克又说道：

> 如果认为由一个性别构成一个有现代需要的社会就足够了，那么这个社会的多半部分还是脆弱的……因此，如果知识和技术对我们的社会很重要的话，那么男人和女人都需要平等获取。

按照这一思路，1923 年开始实行两个性别的强制性教育；虽然学校发展得还比较缓慢，但是女性小学教育的进步很大，仅稍落后于男性教育。1926 年，阿塔土克不顾议会的反对，强制颁布了一项在瑞士法律条令基础上稍做修改的法令。新法律在理论上赋予女性法律平等性，同时实行一夫一妻制和离婚的平等权利——这些被认为是“文明世界的基本原则”。1931 年实行的另外一套措施允许女人参加市政选举投票；1934 年，允许女性在大选中投票和当选——这比诸如法国和意大利等国家的女性获得这些权利早 14 年。1935 年，18 名女性代表进入了议会。到此时，一些女性组织，例如土耳其妇女联盟，继续按照西方普选组织的模式在推进改革。但是仍然只是少数男性领导（开始于阿塔土克）倡导改变，而多数土耳其人（包括男性、女性）对此并不赞同。

阿塔土克也攻击女性服饰传统，但是他是以劝导的方式，而不是通法律规定强制执行。法律的确可以强行要求男性服饰的改变，使之更西方化，

但是关于女性面纱和传统黑色罩袍的问题，却不是用如此简单的办法就可以解决的。阿塔土克的言辞相当激烈：

> 在一些地方我看见女人们往头上围一块布、头巾或此类的东西来遮住她们的脸和眼睛，当男人经过时，她们把背转向他……这一行
> 为到底是什么意思，该做何解释呢？先生们，一个文明国度的母亲和 152
> 女儿们会有如此荒诞、低俗的行为吗？这是一种置我们国家以耻笑之中的状况。它必须马上被纠正。

许多土耳其城市女性的确逐渐开始接纳西方风格的服饰，包括使用化妆品。传统和当代土耳其女性的明显界限是在对西方典范做出反应过程中牵涉的诸多复杂问题的表征之一。

改革不只是分化了土耳其人，也反映出改革者自身意识中的矛盾性。土耳其采纳的瑞士法令是欧洲最保守的模式之一，坚持男性角色作为家庭的主导。该法令的确对传统伊斯兰家庭规则做出了很多改变，但是它也包含了很多不平等的条规。例如，“男人是婚姻结合关系的主导”，还有“决定住处的权利和职责属于丈夫”。法令还包括对通奸的各种处罚。男性在儿童监护权争议问题上也拥有优势。同样，涉及服饰的条令，阿塔土克及其同辈要求土耳其女性避免一些在西方轻浮时期流行起来的“乱七八糟”的服饰风格。她们不应该过多暴露身体，应该保持“贞洁的行为”。20世纪30年代，女性也不可以参与公共管理事务，阿塔土克劝说女权主义组织为了国家团结，不要提出过多的要求。教育是另外一个表现改革迟疑态度的领域。截至1926年，土耳其有54所男子高中，但是女子高中仅有12所。职业学校几乎总是实行性别隔离，强调女性的职责是家庭经济和照顾孩子，“训练她们如何管理干净、整洁、经济而有品位的家，教她们建立愉快、幸福的婚姻，并因此让她们成为国家社会发展的贡献者”。这一方法及其言论策略在同一时期的西方也很常见，但是影响在土耳其环境中则更加鲜活。传统的遗留当然也会影响主要的改革方法，同时西方的典范也各式各样，所以在采用的改革方法上可以有选择性，如采用瑞士的而不是斯堪的纳维亚式法令。

然而，尽管存在这些迟疑之处，一些学者所称的由国家发起的一项革命的确带来了真实的改变，使得土耳其甚至在20世纪末都在伊斯兰国家中独树一帜。阿塔土克的西方化改革项目在改变性别关系方面显然比俄国的彼得大帝走得更远，也是因为西方模式本身变化就很大。大量的土耳其女性开始进入医生和律师之类的行业，她们的活跃范围甚至经常超过了西方欧洲的潮流。受过教育的城市女性与她们的欧洲同胞保持着紧密的经济和文化上的联系。

153 由于来自女性团体的压力和所带来的势头，变化不可避免地在升级。到20世纪30年代末，随着女性职业角色的不断增加，学校开设课程上的性别差异开始缩小。到20世纪70年代，改革的内部压力不断增大，加上与西方的接触的增加以及国际女权主义的发展，促进了国内情况的进一步发展。许多土耳其人在西欧做移民工人，其中有些人留在了欧洲，但大多数人受到了极大的歧视，还有一些人选择回到土耳其的城市和乡村。土耳其积极参与北大西洋公约组织，由此导致许多欧洲国家，尤其是美国在土耳其范围内的军事领属地大大增加，同时来自西方的旅游人数也不断激增。西方电影和时尚的繁荣也激发了土耳其人对西方化的兴趣。在这一背景下，出现了新的女性团体和刊物，尤其是从20世纪80年代早期之后，它们宣扬土耳其性别状况的完全西方化。1986年，一个联盟发起了请愿运动，要求执行1985年联合国关于消除所有形式的针对女性歧视的公约，土耳其签署了这一公约但是基本上没有执行。1987年出现了一份新的刊物——《女权主义者》，该刊物攻击类似家庭暴力和性骚扰等父权社会恶习。此类运动的确也引起了法律条令上的一些变革，例如对一项关于女性需要征得丈夫的同意方可在外工作的法律条款的废除。

分歧继续存在。随着土耳其经济的发展，许多女性在经济上更依赖婚姻，伊斯兰教传统所提供的身份对于两种性别都具有吸引力。20世纪90年代宗教激进主义运动兴起，该运动赢得了一些政治权力，其主要平台是抨击改革派（包括女权主义者）的世俗化倾向。但是在实践上并没有做出什么主要努力来恢复之前关于性别的传统。另外，穆斯林中兴起了颇有影响的女权运动，试图利用伊斯兰教的相关规定作为倡导更大平等的基础，希望找到一种方法，构建一些既非西方也非纯粹传统的性别关系。这一融合的努力可能是历经几代与西方模式互动所产生的复杂影响的最明显的表现。

伊朗

大体上，伊朗掀起了和 20 世纪的土耳其同样的改革浪潮，改革以西方典范为基础，背景也与土耳其一样，长期是伊斯兰律法定性着男女关系。但是，结果却迥然不同，在 1978 —1979 年的革命中，伊朗人摆脱了西方典范的束缚，许多女性同男性一起寻求一种不同的，更为传统的性别模式。但是，两国的改革差异也不应该被夸大：土耳其人仍在继续着关于遵循西方化版本还是传统版本的争论，而伊朗人在革命之后也不可能不受到国际影响。但是显然，二者平衡的方式有所不同。 154

伊朗也同奥斯曼帝国一样与西方社会有些商业往来——的确，政府欢迎外商投资，但是文化往来还没有那么广泛。直到 1907 年伊朗才建立了第一所女子学校。1906 年一部新的国家宪法重新肯定了伊斯兰教基本教条，从法律上确定女性作为妻子和女儿在以男性为主导的家庭中的从属地位。但是，新的统治者——礼萨・沙阿不久即开始了对宗教控制的挑战，寻求一系列现代化的世俗改革，这些改革逐渐会带来女性地位上的改变。例如 1937 年，沙阿签署了一条法令，禁止面纱和包裹全身的黑袍；女性必须以西式服装出席公开场合。学校，包括新成立的德黑兰大学，都要对女性开放。如同在土耳其的情况一样，女性由于具有做母亲的能力，对国家现代化进程至关重要。同样与土耳其一样的是，改变也是不均衡的，存在着既因为普遍的抵制，也因为男性改革者自身在激进的西方模式前面所表现出来的迟疑。因此，1932 年颁布的一项新法令并没有给伊斯兰教家庭法带来多少改变，只是把女孩的结婚年龄提高到了 15 岁。1940 年颁布的一条新刑法有所改进，废除了伊斯兰教律法中一个男性证人相当于两个女证人的旧规定，但是该法律仍然给予男性杀死通奸妻子的权利，却没有赋予女性同样的权利。

到了20世纪60年代，特别是美国协助伊朗政府镇压对西方倾向的不友好行为，致使改革进一步推进。与西方的接触，还包括了在军事上与西方的积极合作。作为联盟阵线的一部分，美国在冷战中给予伊朗支持，尤其是与西方社会在石油工业以及经济发展上的合作方面，美国更是给予积极、广泛的支持。很多伊朗学生出国留学，大量的西方社团在伊朗兴起，这些社团通常都拥有属于它们的自由空间，树立典范，引导女性自由出入公众场合以及示范给女性最新潮的着装（甚至在海滩上暴露身体）。消费品的进口，电影以及相关产品的输入，扩大了西方文化的传播，对城市人口的影响尤甚。新兴的妇女运动开始兴起，迫切需要进一步的改变，通常情况下，也要寻求有力的论证作为支撑。并且政府自身也需要对西方的标准表明自己的积极态度。在这种背景下，伊朗妇女于1963年获得了选举权，并很快得以担任法官、副部长以及大学讲师等职务。1967—1975年之间颁布了一系列法令，废除了一夫多妻制，减少两性在离婚权利上的不平等。女性在法律的平等上似乎取得了平衡。

之后，随着性别关系上的显著变化，以及对家庭传统消逝的明显担忧，出现了一些反应，拒绝改革运动以及总体的西方化影响。许多男性响应了这一反应，既出于对传统价值观的维护，又由于经济上的变化威胁了
155 许多传统家庭，使得他们开始寻求新的方式来彰显男性权威。然而也有许多女性持反对意见。西方模式已成为邪恶和错误的象征。如阿亚图拉·霍梅尼——最终领导这一革命的领袖——所言：

> 一些西方国家的女性偏离了她们未来自我的自然界限，超越了社会和自然职责。这给女性自身还有整个社会都带来了痛苦和毁灭……出于女性解放的名义，一代人的孩子都无人照料、无人保护。他们都变成了没有灵魂、缺乏人类感知的机器。

一个根本问题是，20世纪70年代伊朗所采用的主要西方模式的本质是强调消费主义。尽管一些城市女性积极追赶最新时尚，但另外一些女性却对此非常消极。伊斯兰复兴运动的领导人哀痛："女人本来应该是传统、家庭的维护者……但是现在可以随便出现在大街上。她被引导可以随便

在街上闲逛和炫耀自己；行为举止毫不收敛。”整个过程强调了伊朗社会存在的分歧，超短裙、迪斯科、豪华酒店与清真寺和小棚屋并存。比土耳其更为突出的情况是，由于男性垄断了城市的主要工作职位，许多伊朗女性面临着越来越多的经济困境；传统宗教所提供的安慰和身份感是西方式的消费文化在任何情况下都无法触及，也无法允诺的。即使在受过教育的穆斯林当中，也激起了越来越多的对所谓的“西方中毒”现象的批判，即拜倒于西方的“毒性文化”。西方社会所激发的性别改革和帝国主义经济影响被等同起来，受到了同样的攻击。西方模式也受到抨击，认为它导致了离婚、单身女性的贫穷以及无家可归的孩子等问题，它不再具有明显的解放意义。对亲西方的，但是专断的沙阿政府的攻击还包括对更多传统习俗的回归；卷入抗议中的女性会刻意穿上黑袍。

当革命到来时，西方模式不可避免地受到了法律的攻击。女性被迫重拾面纱和黑袍（如果拒绝则会被立即处以 79 次鞭打的惩罚），她们在公共生活和工作中的职责也受到了很大的限制。幼童的母亲不可以从事全职工作。女性法律权利也被削弱，例如恢复了男性一夫多妻和自由离婚的权利。女性接受教育的机会也大大减少。

但同时还是存在很多复杂性，尤其是当革命的士气平静下来时。国际影响从来也没有停止过。1989 年，一项关于榜样的广播民意调查显示的结果是阿信—— 一位在伊朗非常受欢迎的日本电视连续剧中的激进主义女主角。西方典范仍然很重要。扎赫拉·穆斯塔法维——霍梅尼的女儿，156
刻意效仿女权主义组织，于 1989 年成立了新的穆斯林妇女联合会，并赞助国际妇女大会。一股以穆斯林为基础的争取更全面、更明确权利的运动同时也展开了，挑战了保守的父权制度对家庭法律的阐释。如同在土耳其一样，争论还没有结束。

性别和恐怖主义

正如伊朗革命所表明的，性别在 20 世纪后期的宗教激进主义复兴运动中起着重要的作用。不仅仅是伊朗革命派，还有阿富汗塔利班政权都挣扎于强调女性的附属地位。关于塔利班——需要一提的是，塔利班的做法粗鲁而过分；即使就保守的穆斯林而言，这个政府也不是个典型的伊斯兰政府——他们坚持要求女性遮面和隔离，而且会因性行为不忠受到极端的刑罚，还关闭了女子学校。

许多观察家认为，伊斯兰世界的保守主义运动的主要内容不仅仅只是试图恢复旧的性别关系，更是在面对西方殖民者试图把非西方人描述为柔弱和居于附属地位时的一种彰显男子气概的激进行为。对女性弱势地位的强烈坚持是这一过程的一部分，恐怖主义可能是另一部分。

有诸多因素可以解释20世纪晚期和21世纪初猖獗的恐怖主义行为，包括对美国的敌视和中东城市男人普遍的失业情况。男子气概的彰显可能也是其中一个因素。恐怖分子的主体都是男性。“9·11事件”中，针对美国纽约和五角大楼恐怖袭击的行动疑犯首领穆罕默德·阿塔留下了遗嘱特别指明不允许女性参加其葬礼。女性在恐怖分子的意象中仅是等待把“英雄们”带入天堂的处女：这完全是一个属于男性的领域，男人试图以此弥补对他们男子气概的些许伤害，并且以此攻击他们社会中的任何性别改革思想。换言之，性别问题激起了新类型的接触，以抵消早期的以西方为主的影响。

大多数中东穆斯林反对恐怖主义。部分人也逐渐接受了性别关系中的变化。在恐怖分子以极端方式彰显男子气概的同时，女性在某些地区，例如伊朗（占55%）和阿拉伯联合酋长国（截至2005年占52%）成为大学生的主体。西方影响和来自国际组织的影响在这些变化中起到了作用。许多中东政府积极地寻求建立美国风格的大学，这些大学为女性提供了
157 新的教育机会，有时是在男女混合教育的班级。性别和接触构成了这一关键地区的变化和抵抗的复杂模式的一部分。

结 论

西方文化模式不仅对中东性别关系上的主要变化——包括教育、法律和服饰上的变化——很重要，对抵抗派的言论影响也很关键。在普遍的，

经常是激烈的争论中，不同的地区寻求了不同的改革道路。改革能在土耳其盛行，首先是因为它开始得比伊朗早——在19世纪而不是20世纪。其次因为改革是由行之有效的政府领导的，包括阿塔土克本人所起的积极作用；同时还因为土耳其的独立一旦确立，就不会受到大的威胁，这就减少了把西方化和殖民主义联系起来的必要性。伊朗的情况反映了更为保守的穆斯林多数派（什叶派）的支配地位，以及20世纪六七十年代西方来访者和伊朗城市女性的过度消费主义。在土耳其，西方模式一直与法律及教育更为相关，而不是与个人行为，个人行为没有经历太大的改变。

同为伊斯兰地区，中东和北非的不同地区对待改革和抵制的反应程度不同。沙特阿拉伯是伊斯兰保守力量的堡垒，二战后开始对不断增长的西方影响有所开放。与西方的商业、军事、外交联系不断增加。许多沙特女性到境外旅行。政府也开始致力于西方化的变革，例如新的教育途径，但是到20世纪末还没有发生真正的西方化。女性在本国以外可以开车，但是在沙特阿拉伯国内却不可以。伊斯兰家庭法仍然占主导地位，对通奸等行为实施极其严厉的惩罚。在埃及，改革的影响开始得更早，因此表现出更明显的混合模式，西方模式对法律权利、服饰以及工作等方面的改变产生了影响。但是争论依旧在各地存在。埃及如土耳其一样，经历了声势浩大的伊斯兰复兴运动，抵制变革。沙特阿拉伯持续面临着一股股的压力而被迫做出更大的变革。一些明显的但又不完全是传统的伊斯兰模式在几个地区出现了，同时关于如何对待西方模式的冲突——是接受还是拒绝——也没有尘埃落定。

延伸阅读

Nikki Keddie and Beth Baron（eds）, *Women in Middle Eastern History: Shifting Boundaries in Sex and Gender*（New Haven, Conn.: Yale University Press, 1991）; Nira Yuval-Davis and Floya Antlias（eds）, *Woman-Nation-State*（New York: St Marrin's Press, 1989）; Martin Marty and R. S. Appleby（eds）, *Fundamentalisms and Society, Reclaiming the Sciences, the Family,*

158 *and Education*（Chicago, III.: University of Chicago Press, 1993）; Valentine Moghadam（ed.）, *Gender and National Identity: Women and Politics in Muslim Societies*（London: Zed Books, 1994; Karachi: Oxford University Press, 1994）; Fatma Mugu Gocek and Shiva Balaghi（eds）, *Reconstructing Gender in the Middle East: Tradition, Identity and Power*（New York: Columbia University Press, 1994）; Elizabeth Warnock Fernea（ed.）, *Women and the Family in the Middle East, New Voices of Change*（Austin, Tex.: University of Texas Press, 1985）。参见：Edward Said, *Orientalism*（New York: Vintage, 1979）。

第十三章

全球消费文化：冲击力

20世纪的一个重要文化影响是消费文化的传播，这种影响在逐年增长。产品遍布全世界。电影、电视节目从主要的几个中心——以美国为主，也包括日本和其他几个工业大国，输送到世界各地。游客们从这些工业大国涌向其他地区，寻求温暖的阳光和异国风情，他们为当代高雅的生活方式提供了活生生的可效仿版本。这许多发展都对性别问题产生影响。至少，电影和游客在时尚和外表方面与许多地方传统形成了鲜明的对比。 159

这里是一种新型的文化接触，与宗教或非宗教的意识形态，例如马克思主义，所产生的影响不同。国际消费文化还是个新生事物，并且它的影响范围也比较分散，因此还没有得到广泛研究。我们目前所了解的情况指向了一些相互矛盾的可能性。在某些情况下，接触国际消费主义会迅速地对性别行为产生极大影响。而在另外一些情况下，同样的接触却几乎没有什么影响。传统的接触方式往往会产生各种各样的结果，所出现的反应是常见结果的一种极端情况，但是也非常突显。这一话题还有待于寻求结论。

问题首先开始于产生影响的这些社会本身。显然，最富裕、技术最先进的地区处于国际消费文化的中心。它们制造了出口量最多的电影，也提供了大批追求享乐的游客。但是，国际消费时尚到底对制造这些时尚的社会本身会产生多大冲击力还不清楚。在美国、德国，数百万人观看同样的电视节目，但是他们从中汲取的信息并不总是一样。有些人仅把电视节目当作一种对现实的逃避来观看，并不认为它们反映了现实生活；另外一些人追逐好莱坞电影中的最新潮发型，但是没有兴趣模仿电影中张扬的性习惯，或至少不会真的希望这样做——近来的一些研究表明，平均来看，美
160 国人的性行为要比《老友记》或《飞越情海》之类的电视剧中所表现的保守得多——但有一些人认为电影中所刻画的形象应该是生活的范本。最后，关于电影、电视是否从根本上挑战了基本的性别模式这一点也不清楚。可以肯定的是，电影中的某些时尚和形象与真实生活中的普遍情况是不同的。我们宁愿说它们只是对传统模式的夸张。西方文化一直坚持女性的角色之一是要有吸引力，而电影则夸大了这种风尚。文化一直推崇男性的攻击性行为，而电影则使用各种武器和特效来夸大表现这些方面。换言之，电影所表现的与现存性别模式的偏离从许多方面而言只是相当表面的现象。

谈到国际消费文化对那些通常被认为更“传统”的社会的影响时也涉及这些同样的问题。当然，产生的影响也与对工业大国的影响一样，有些人不会把它们运用到现实生活中，也有人积极模仿。这并不是说国际消费文化的影响不令传统主义者担忧。在分析中东地区的情况时，我们已经了解到伊斯兰领导者是如何攻击西方服饰风格和好莱坞电影的，因担心它们可能造成的破坏性影响。马克思主义领导人也经常反对消费主义，因为它会把男人女人引向偏离建设社会主义社会的共同目标。因此，20 世纪 70 年代苏联领导人尼基塔·赫鲁晓夫访问好莱坞而身处一群着装暴露的合唱团女子当中时，抨击了好莱坞对性行为的强调。在国际时尚激起人们努力重申传统的性别价值观念或另寻其他价值观时，上述反应实际上只是复杂情况的一部分。

当然，国际消费主义有许多表现方式。蓝色牛仔裤作为粗犷男子气概的象征曾一度从美国流行开来，进入了从莫斯科到东京的前卫男性的衣柜中。之后随着女性也开始穿着牛仔裤，它们就不再是男子气概的象征了。更普遍的情况是，西方的服饰风格开始在全世界流行，性别形象也相应发生了变化。西方的烟草企业经常把吸烟刻画为一种老成的男性行为，往往与辛苦工作或者跟性能力联系在一起。相应的，在那些吸烟现象很普遍的社会，例如东亚的许多地区，在吸烟行为上有明显的性别差异。许多人把吸烟与男性特征联系在一起——这是国际企业与性别相关的广告所

经常表现的，同时认为吸烟不该为女性所为。这一点到底对于定义性别关系是否有根本影响是另外一个问题，同时也是消费主义趋势所提出的众多问题之一。本章从讨论文化接触的两个领域开始：旅游和电影/电视。

旅游 161

事实相当凸显。从19世纪晚期之后，尤其是在二战以后工业繁荣景象回归之后，每年都有数百万的游客涌向世界各地的度假胜地和酒店。大量的度假区在加勒比海和太平洋诸岛发展起来，接待美国、欧洲和日本的游客。成千上万的工人脱离了原来的农民身份来到这些地方服务于这些异国游客。那么他们学到了什么呢？

产生的影响非常明显。在旅游区，大量的女性进入了性服务行业。20世纪70年代之后，男性游客占泰国入境游客的70%，他们大多对色情旅游感兴趣。此种旅游模式首先开始于从越南战争中享受休假的军人们，然后延伸到来自日本和韩国的旅行团。大量泰国女性进入这一行业，导致的后果包括一些疾病的传播和新的饮酒习惯的产生。即使不明显涉及色情业的地方，对旅游的接触也会改变当地女性的娱乐模式。来自农村，但是现在在爱琴海诸岛从事旅游服务业的希腊女性要比她们国内的女性同胞有更随意的饮酒习惯，也有更广泛的娱乐兴趣。她们还学会了更城市化的着装和身体护理（例如刮腿毛和腋毛，这是在西方某些地区于20世纪早期开始的一种时尚）。

旅游业的兴起对男性也产生了类似的影响。在牙买加，一些男性专门从事取悦女性游客的职业，这些女游客大多来自美国或欧洲，到这里参加“风情游”。这些男性穿着特别的服饰，留着特别的发型——既有西方风格也有当地风格，例如“拉斯特法里教徒”惯常的长发和红、绿、黄颜色相间的服饰，这些可能是对非洲传统的保留，以及雷鬼音乐的需要。熙熙攘攘涌来的白人女性想寻求“异国风情”，提供这种服务的男性则使自己与牙买加社会的其他人有所不同。

旅游业可以通过为女性提供新的挣钱机会而改变性别关系。在巴厘岛，许多女性经营一些小型的旅馆和简单的食宿场所，改善了她们的收入状况。在菲律宾，大量女性可以保持单身，得益于度假区所提供的工作机会。其中某些工作机会与性服务有关（往往是在由美国、英国或者澳大利亚侨居者经营的场所），但是也有其他类型的工作，例如做佣人、歌手和接待。

但是，总体上来说，旅游似乎并没有从很大程度上改变当地的性别模式，尽管它带来了各种模式的性别交往和相当大的经济冲击力。即使对那些整日与游客打交道的人来说，外国人往往看起来陌生而与他们并不
162 相关，不能作为行为举止的典范。保持更传统的性别模式，可能实际上是对当地男女在与陌生游客打交道时处于较低下地位的一种补偿。游客们自身也常常寻求隔离。他们寻找那些不需与当地人有过多交涉的度假区。比利时的地中海俱乐部度假酒店于 1950 年建立，该酒店专门营造欧式的度假别墅，由当地人服务，但是很少与周边的村镇来往；甚至餐食也是欧式的，除了一周一次的当地篝火晚会之外。这种方法显然使文化接触降低到最小程度。

最后，旅游通常增强而不是破坏了当地以性别为基础的经济活动。女性从事服务工作、制作传统工艺品、为男性提供性服务。工作角色上既没有什么革命性的变化，也没有什么具体形象上的改变。旅游业的工作通常也不会改变家庭内的职责。宾馆女服务员回到家里还要做她们应该做的大多数家务（和她们的女儿或姐妹们一起）。从巴厘岛到巴拿马，再到菲律宾社会，既存的女性从属地位的共同模式并没有因旅游业的暴涨而被根本改变。

电影和电视

大量出口并传播的电影、电视剧，还有近期热起来的视频游戏，显然比旅游业涉及更多的人。农村地区可能接触有限，某些社会的政府会对它们的进口施加严格控制，但是西方和日本的影视等产品还是在 20 世纪呈指数增长。好莱坞于 20 世纪 20 年代早期就成为世界电影之都，不仅在欧洲，而且在埃及、南非、拉美和日本，都建立了电影出品分部。二战后电影

电视节目成为美国第二大出口产品。数亿人观看着在全球流行的电视节目，例如《海滩游侠》。同样是通过电视节目，团体体育竞技（大多数源于西方）赢得了广大的观众。超过 10 亿人观看世界杯足球决赛——这是世界上规模最大、观看人数最多的体育赛事。

大量接触观赏性体育赛事节目也会产生突出的影响。太平洋地区的斐济岛于 1995 年开始有电视。由于制作成本太高，当地电视节目很少。因此，一个电视频道主要播放美国、英国和澳大利亚的节目。较受欢迎的电视剧包括《飞越情海》、《急诊室的故事》和《女战士希娜》。年轻女性由于经常在电视中看到西方式的身体形象，很快把这种形象与她们自己社会中丰满的身体形象相对比，许多人认为西方明星提供了标准典范。因此，在这个本来推崇美食（和视觉享受）并且很担心体重下降的文化里，许 163
多女性开始采取一些极端的措施想要变瘦。三年内，这里的暴食症患者数量就增长了 500%，许多女孩十几岁时就通过呕吐的方式来达到减肥的目的。

全球化的审美标准通过共享媒体广泛地传播。2001 年，在俄罗斯东部一个村庄中，之前没有见过一个活生生的美国人，也没有互联网，但是一个和平组织的工作人员竟发现在她教的小学生中，男生们一致评出的世界上最美的女人是流行歌手布兰妮·斯皮尔斯。（巧合的是）同年一个专门针对马达加斯加妓女展开研究的美国人类学家发现，她们之所以偏好某些化妆品和发色的原因是，她们希望借此变得看起来更像布兰妮·斯皮尔斯。从同样的国际媒体中汲取性别模式标准，这在世界历史上史无前例。

与国际体育运动的接触也会产生一些影响，但是结果通常很难衡量。由于对奥林匹克运动会赛事的广泛宣传，人们对女子运动的关注越来越多，尤其是在二战之后。伴随着 20 世纪 70 年代兴起的新一波女权主义运动，西方的一些女性对体育竞技的兴趣渐长。社会主义国家积极宣传女子运动作为国民体育运动发展的一部分，结果会给其他地方的女性带来新的动力。北非出现了许多优秀的女子赛跑运动员，尽管宗教激进主义者反对女性参加这类公共活动。

总体上，目前的评论认为，与国际媒体的不断接触对性别关系产生的影响并不是很大。某些人从其他领域提供的模式中发现了一些新的机会，例如从体育中。人们对新时尚包括体型的兴趣越来越广泛，尽管结果并不尽相同，一些人仍在继续辨别他们所追求的时尚和他们所接触到的时尚。但是基本的原则几乎没有改变。

1994 年一项关于东非乌干达媒体的研究提供了一个一般范式。电视台和广播台都是政府经营的。这些媒体，尤其是电视，报道国内新闻与一些境外内容。政府赞助推动了电视节目“女性平台”的创办；乌干达政府意识到，在联合国“妇女十年”活动期间，需要为女性做些实事。但是该节目本身没有制作设施，而且只能控制 2% 的播出时间。总的来说，乌干达代表女性声音的媒体落后于实际发生的变化。因此，媒体很少宣扬女性在家庭之外的工作形象，强势的女性被刻画为低等而自命不凡的人。大多数境外输入电视节目和电影也都强调这些印象。媒体所表现的女性就是性动物，男性是天生、合理的性猎取者。取得卓越成绩的女性通常被认为使
164 用的是性手段而不是其他能力。如联合国某一机构在评论地方和境外输入节目时所报道的，媒体通常把女性刻画为依赖型的（配偶、母亲和性对象），并且“很少表现为理性、主动和关键性的社会成员”。

在所谓的传统社会，对于接触媒体所受到的诸多表面上看起来比较突出的影响中涉及了几个因素。首先，许多人把娱乐和现实生活区分开。在某些情况下，人们作为旁观者所看到的不一样的行为实际上使一些日常限制更加合理，而不是激起对这些限制的疑问。许多文化往往宣扬一些关于英勇女性的故事，而不会鼓励正常情况下女性的张扬。女性可以从这些故事中得到一些愉悦来缓解她们在日常生活中受的限制。新型媒体看上去似乎有很大不同，因为它们更具有国际性和技术上的进步，但是这些新媒体可能产生的影响仍旧没有什么不同。在观看一些外国节目时，自己喜欢看的节目中展示了与现实生活明显不一致的人物和情节，人们把看到的这些与自己应该如何行事区分开来，并且这种能力会继续增强。

另外，国际媒体本身也很难成为性别问题上根本革新的堡垒。很明显，媒体所宣扬的一些巨大的变化，例如女性饮食习惯的改变，并不是对新主张的彰显，而是重新定义了何为美和性感。从世界范围内观看的电视节

目来看，可以很容易得出这一结论，即父权制度仍然占统治地位：男人做决定，女人尽力取悦男人。这一影响通过有选择性的节目进口进一步强化。描述女性出现在新的工作场合或者把女性表现为决策者的美国或欧洲电视节目在世界范围内的播出率并不高。所以，不足为奇的是，易受改变的只是时尚，而非问题本质。

购 物

与消费主义更广泛的触及，尤其是对并非生活必需品一类新产品的觊觎和获取过程，一直都有着性别影响。甚至在现代社会以前，富裕阶层的中东女性就可以拥有一些时尚的东西和珠宝，自己私下在家里享用，这些东西也成为在男性占统治地位的社会里女人的一种积蓄形式。当现代消费主义开始在西欧成型后，往往会伴有性别暗示。男性、女性都参与了消费活动，但他们寻求不同类型的商品，利用消费主义进一步区分性别，他们也可能给这一过程附加不同的含义。因此 18 世纪晚期，与男性相比，英国女性更可能在她们的遗嘱中把某些消费品留给特别的亲属，显然她们相信这些物品具有某些情感意义。在某些女性仍居从属地位的社会，消 165
费主义可能是她们表达自我和表现一定独立性的一种渠道，一种超越男性经验之外的方式。

当然，现代消费主义从一开始在西方产生到后来，强调的是女性外表还有性感的重要性，往往使用消费品来定义新的性别标准。

随着 20 世纪消费机会的扩展以及跨国公司为其产品和广告寻求更广泛的市场，全球消费主义也利用了这些强势宣传。人们被鼓动去购买那些使他们更有男人味或女人味，且可以增加其性感度的商品。西方式化妆品和时尚的传播催生了定义女性的新方法，它们显然也在世界许多地区引起了广泛兴趣。例如，早在 20 世纪 50 年代，非洲地区的城市人就热衷于了解时尚的来源——纽约、巴黎，或者米兰。一个经典的关于消费者的故事讲述了一个年轻的非洲男性带他的女友一起去买件衬衫，结果女友却成功地说服他买了件女式衬衫和两双尼龙袜。

某些消费品可能提供了新的区分性别的方法。在许多地方，至少几十年来是这样，汽车和摩托车都是男性才能拥有的物品，女性通常是步行者。

同时，某种消费模式也可能会淡化性别——这会是另一种形式的改变。在全球快餐连锁店里，作为顾客，男性、女性有同样的地位，而在传统餐馆里并不总是这种情况（至少对体面女性来说）。蓝色牛仔裤最初只是男性服装，但是后来女性也开始普遍穿牛仔裤。更为普遍地是，后来出现了男女共同参与的全球青年文化；在某些消费模式中，年龄比性别更加重要。

无论是提供新的表现方式，还是颠覆传统界限，消费主义对性别标准带来的冲击也不可避免地遭到抵制和抗议。许多传统主义者对消费主义就是不感兴趣，而试图在一些更传统的性别身份中寻找意义。宗教领袖往往直接谴责消费主义。伊朗 1979 年革命中的领袖——阿亚图拉·霍梅尼，经常抨击外国引领的消费主义，声称那简直就无异于“女性裸体上街”。按照他的观点，消费主义者充满了“淫荡、不忠、音乐、舞蹈，以及其他无数种腐败行为”。“这简直就是名副其实的应该被禁止的消费洪潮扑向我们，就在我们眼前。”伊朗政府很快行动起来，以恢复传统女性服饰作为一种应对手段，但是到 21 世纪早期，消费主义（包括时尚兴趣）又再次在伊朗年轻人中流行起来。

如同世界历史早期其他类型的接触一样，消费主义也在调和或融合方面发挥了作用。从 20 世纪 90 年代中期之后，女性选美比赛在印度（还有世界其他地区）流行起来。这项最初于 20 年代始于美国的革新开始通
166 过“世界小姐”之类的赛事吸引了广泛关注，当一名印度女性在 20 世纪最后一个十年的比赛中获得冠军时，这一活动如燎原之火般迅速传播开来。城市和学校每年都会举办几十项比赛。当然这也促使了印度传统主义者谴责整个过程有损女性人格，偏离了精神价值。但也有一些领导人愿意接受这种必然的趋势，同时维护传统。在印度南部的喀拉拉邦，把地方语言和文化知识计入成绩的选美比赛会得到赞助。当然这也肯定会产生一些问题。对现代消费主义或选美比赛感兴趣的女孩很少了解喀拉拉邦文化，

而更了解文化的女孩却对选美比赛不感兴趣。性别问题、全球消费主义和传统文化身份之间的复杂关系还有待协调，包括在印度和世界许多地方。

结 论

国际消费主义的兴起还是一个新现象，它目前产生的影响最多也只能是暂时性的。这些影响有可能会发生改变。研究文化接触学习到的其中一课是最初的结果可能具有误导性。在涉及性别诸多方面，如个人的领域时，要使接触另一种文化所产生的更深的影响积淀下来，还需要相当长的一段时间。酒店女服务员可能会获得一些关于如何对待女士，或者妻子该如何同丈夫讲话的新信息，这些信息的影响在她们今后的生活中会表现出来，甚至在之后的几代人中表现出来（不管是从更好的方面，还是更坏的方面）。对西方服装风格和体型的着力模仿，尤其以年轻人为主，可能会预示之后在其成年时期可能带来的一些根本性变革。对一些人来说，尤其是年轻人，消费主义已经是抑制性别问题，或无视传统性别标准，或兼而有之的非常有效的方式。消费主义当然也可能偏离了更为根本的改革努力，比如女性越来越关心身材苗条和服装而不是其他问题。但此时还不好下结论。最终也可能会带来重要的变革，甚至是在一些共同模式上达到更大程度的同一性。其结果还有待结合影响男女关系的其他因素来进一步考察。

延伸阅读

关于媒体影响，《媒体、文化与社会》（*Mediam, Culture and Society*）杂志是很好的资料来源，该杂志首次出版于 20 世纪 70 年代。

关于旅游，见：M. Thea Sinclair（ed.），*Gender, Work, and Tourism*（London: Routledge, 1997）；期刊《旅游研究纪事》（*Annals of Tourism Research*）首次出版于 20 世纪 70 年代。

关于概括性的历史评论，见：Theodore von Laue, *The World Revolution of Westernization*（Oxford/NewYork: Oxford University Press, 1987）。

第十四章

全球化与抵制

167 20世纪中期之后，全球主要社会迎来了有史以来最大范围的接触交流——到20世纪90年代，这种现象被称为全球化。全球化依赖新技术的发展，例如卫星电视传输以及互联网，这些技术加速了各地区之间的交流。全球化同时也依赖新的商业组织——跨国企业的出现，这些跨国企业使得世界各地在争取市场、原材料以及廉价劳动力成本和宽松环境政策的过程中，产生了更加紧密的经济关系。政策的改变也对全球化产生了影响：中国1978年时开始的对外开放政策是迈向全球化的重大举措；同样，苏联于1985年推行了类似政策；之后，欧洲共产主义政权剧变。

到2005年，只有少数几个社会游离于频繁、多层面的全球交流之外，其中包括缅甸和朝鲜。当然，各个社会对全球交流的开放程度也有所不同，到2005年时，世界上只有三分之一的人口可以访问互联网。上层阶级和城市人口比农村人口和贫困人口受到交流的影响更大，由此也会因交流的不同结果而产生巨大的内部冲突。对交流的怀疑还是普遍存在的。

全球化的一个关键因素当然也涉及消费品的交换。但是还有其他方面影响了性别问题。全球化经济倾向于扩大女性员工的雇用比例，因为女性劳动力廉价、充足，并且相对来说受教育程度也有所提高。全球化经济中也存在较大程度的剥削（对男女都一样）：许多工厂支付工资低，工人工作时间长，工作环境存在安全隐患。但是另一方面，据报道，许多在跨国企业工作的女性工资待遇要比地方企业优越；这是造成消费主义走向的

原因之一。目前来说最严重的问题是,全球竞争导致了失业率的增加,尤
其是年轻人的失业问题。这也对性别问题产生了影响。年轻男性的失业
率通常比年轻女性高。他们因此可能寻找其他渠道来表现男子气概,包 168
括抗议和(有时甚至是)恐怖主义行为。另外,超越区域限制的全球化经
济也促发了性交易行业的发展,大批女性流动到性旅游业繁荣的地区。全
球化经济可能会以各种方式动摇既定的性别标准。

全球化权利运动

全球性的政治机构在扩展,许多机构目的直接指向性别改革。1945年联合国的成立强化了前几十年国际女权主义所推行的主题。联合国宪章和之后的人权宣言规定了女性的法律和政治平等以及同工同酬的权利。20世纪五六十年代推行的各种条例倡导"男女享有公民和政治权利的平等权利"。1975年,联合国继续推行这一举措,宣布当年为"国际妇女年",并在墨西哥城召开了世界妇女大会,强烈反对"以性别为基础的各种歧视","谴责历史上附加给女性群体的一切剥夺行为"。会上,一位发言人清楚地表达了新的国际目标:"应使两个性别的社会角色尽可能地可相互替换或对等,当然除了女性特别的生育职责之外。"之后的"女性年"继续深化这些主题,世界各地都响应召开类似会议。

到20世纪70年代,国际妇女组织的数量迅速攀升:1940—1974年,成立了59个新组织,1976—1985年,每年增加13个国际妇女组织。其中许多是地方性组织,它们与全球性伞形组织保持着积极联系,交流信息,相互促进。此时期关于非洲性别问题的活动和国际关注有所增加,同时拉丁美洲和其他地区也是重要关注地区。国际机构和非政府组织也在稳步拓展各种项目。到20世纪90年代,(国际法中)战争强奸被认定为战争犯罪——这是世界历史上的又一进步。2004年,受世人尊敬的权利组织——国际特赦组织发起了一项反对家庭暴力的运动,声称世界上三分之一的女性在遭受无法容忍的虐待。(第三次)国际人口与发展会议——联合国于1994年在开罗召开并发起一系列主要活动——在面对来自天主教徒、伊斯

兰教徒和美国政府反对生育控制和堕胎的抗议之时，也呼吁为女性提供各种设施，让她们自己来决定是否生育。可能达成的另一种协议是，女性应该有受教育的机会，这可以为控制传统生育率水平提供其他可行的办法。

一名美国历史学家——朱迪斯·津泽，1995年参加了在北京召开的（联合国第四次）“世界妇女大会”，在会上明确地表明了：国际社会努力使“女权主义言辞成为各国和国际发言与报道的共同措辞。国际社会已
169 经意识到女性生活在低下境况中以及这种情形是无法容忍的。”这的确是在与性别有关的国际接触的漫长历史中一项非凡的创新。

全球标准的结果

随之而来的问题当然在于阐释意义和影响方面。尽管成立了许多区域性组织，但是许多人并不了解这些宣言。许多人——包括许多女性——不赞同这些宣言，仍倾向于传统的和地方性的身份。对于男性和以男性统治为主的政府，例如在非洲地区，可能会接受这些国际言辞，但是在实践中却削弱它们。一波波的地方冲突，例如在20世纪90年代发生在巴尔干地区，以及90年代中期和之后十年非洲各地的冲突中，女性遭受了更多的暴力，包括性暴力以及流离失所。其中一些是之前殖民统治或者全球变化的冲击力对男性特征的藐视而引起的报复性行为。

以改革为目的的变革，例如中国的人口政策，可能会产生不可预料的性别影响。中国显然是希望其政策（虽然比较独特）能够使国家的人口水平与工业世界的人口稳定程度持平，以有利于其经济增长。许多中国人对这一政策的阐释是，创新加上传统。该政策还未明显表现出来的另一结果是，到21世纪早期，年轻男女人口数量之间巨大的差距。许多年轻男性将很难找到女性伴侣，这本身也给性别行为带来了危险。

全球化的不一致性也挑战了关于女性权利的国际共识。签订关于同工同酬的协议没有问题，但是许多跨国企业，包括地方企业，都更乐于寻找和接受那些可以接受超低工资的女性员工，这才是她们的主要吸引力。另一方面，国际呼吁似乎也没有跟上性走私的节奏。当今世界交流极其复杂，

全球的权利呼吁只是其中的一个元素，也未必是最重要的元素。

抵制的多样性

最后，随着对地域身份和惯例而非国际标准的极力倡导，甚至是推行其他标准，一股强势的逆流随之发展起来，并且有两种相关趋势凸显。

第一种趋势较为熟悉，即宗教和其他保守主义的兴起，它们通常明确地反对与性别关系相关的变化，例如全球性的消费主义或平等权利。伊 170
斯兰教、印度教和许多基督教的激进主义者都呼吁更为传统的性别等级和女性谦卑的重要性，并且他们的呼声在不断增强。

同样有趣的是（虽然从数量上来说不那么重要），越来越多的女性领导人也反对国际标准，原因是它们太过西方化和个人主义。这些人希望女性在她们的生活和社会中积极发表言论，但又不希望受国际模式太多的干扰。一份印度女性杂志因此反对全球性的消费主义，原因是它倾向于迫使女性浪费时间和精力在个人容貌上，目的是要找到并留住男性伴侣。就女性真正利益而言，更好的是印度包办婚姻的习俗，这种传统使西方式的以貌取人的寻找伴侣规则变得无关紧要。许多伊斯兰领导者着眼于女性更充分的权利，呼吁藐视对伊斯兰教的传统解释（通常包括遮面习俗），但同时也抵制西方女权主义所倡导的理想选择的观念。经改革之后的伊斯兰教本身可以作为更合适的权利声明的基础；不需要外来标准。一名尼日利亚女知识分子——伊迪·阿玛丢弥声称，西方女权主义者认为他们握有真理，藐视非洲传统；但是伊迪辩称，西方女权主义使女性脱离了保护性社会结构，使她们一个个孤立无援，例如往往遭受贫困。解决办法不是依靠国际权利的那套体系，而是复兴的非洲传统主义，强调男女共同参与社会活动，女性重新获得曾因西方殖民主义强调女性居家而被剥夺的公共话语权。伊迪声称，越来越多的在西方接受教育的非洲女性“宣扬文化复兴论调”并不是为了保护传统身份，而是因为它将比国际标准为女性提供更多的机会和保护。

当然，普通大众中，许多普通女性也寻求折中的方式，在某种程度上采纳新标准，但是也结合传统标准。肯尼亚的一位祖母谈到女性受教育的重要性时说，受教育可以让她们自食其力，也可以接触到新的控制生育的理念。但在这种有趣的国际化表面之下，她所希望的并不只是她的孙女们的个人利益得到满足，而是为了复兴家庭团结，在这样的家庭里，无论男性做什么，几代女性之间可以相互照顾。从中可以看出，国际上流行的性别观念虽然产生了一定的影响，但更多地是针对实现目的的手段，而不是对目的本身产生影响。纵使在全球化的压力下，这仍是为人所熟知的交流融合的结果。

结 论

显然，建立在在早期交流基础上的全球化现象为性别关系的讨论创
171 造了真正的革命性背景。新奇的想法很引人注目，史无前例。当然，在言辞和现实之间还存在着各种差距。新奇的想法本身也推动了抵制和折中的行为。全球化总的来说仍是一个有争议的话题，性别问题集中了其中许多争论和不确定性。

延伸阅读

H. Pietila and J. Vickers, *Making Women Matter: The Role of the United Nations*（New York: Zed Books, 1990）; A. Winslow, ed., *Women, Politics and the United Nations*（Westport, Conn.: Greenwood, 1995）; D. Zoelle, *Globalizing Concerns for Women's Human Rights: The Failure of the American Model*（New York: Palgrave Macmillan, 2000）; D. Sienstra, *Women's Movements and International Organizations*（New York: St. Martin's, 1994）; Nadine Berkovitch, *From Motherhood to Citizenship: Women's Rights and International Organizations*（Baltimore, Md: Johns Hopkins, 1999）; Peter N. Stearns, *Global Outrage: The Impact of World Opinion on Contemporary History*（London: One World, 2005）.

结论：模式和趋势

综观影响男女关系的国际交流的主要个案，可以给出以下三个方面 172
的评价。三个评价都是对一个合理问题的回答，即当我们通过一系列典型的个案来探索更广泛的模式时，会有何种发现？第一个评价很简单，涉及交流范围本身。第二个评价试图归纳一下交流给性别关系造成的影响以及是否有某种模式出现。第三个评价纵观历史个案，考察历时变化的趋势。

类 型

从男女关系的改变结果这一视角来看待文化交流的本质，可以洞察到关于交流本身的一些关键特点。世界历史学家越来越强调把交流作为研究课题的一个出发点，也是一种把个体社会与更广泛的领域或全球化过程联系起来的方式。从性别角度出发展开研究，说明了交流的多样性。既有偶然的、有限的交流，也有向既定文化体系引入新宗教的复杂交流。既可能包括相对平等社会之间的交流，也包括实际的文化入侵，例如西欧对美洲印第安人的做法——这两种极端做法之间，还存在其他各种可能情况。伴随着多样性，性别因素始终表现出其复杂性；即使是最明显的文化入侵，也没能产生所预期的或希望的结果。

交流也涉及了一些意料之外的联系。伊斯兰教的传播与其他中东习俗（例如遮面）产生了交融；基督教通常与西方式的家庭生活和居家观念联系起来；国际消费主义把炫目潮流与女性对美丽容貌的信息的需求联系起来；一种表面上自由但实际上是新的强迫的混合体。交流模式纷繁复杂。

173 影响

文化交流在肯定或改变男女理想和行为方面，起到了什么作用？这里，我们对世界历史上影响性别关系的各种交流的考察表明了如下几个基本观点。首先，需要谨慎提出的是：每一个交流个案都是独特的，结果往往是复杂和难以预测的。在这一领域没有什么“历史规律”可遵循。不同社会间的交流可能会提高女性在处理与男性关系过程中的境况，或者正好相反，抑或更为常见的是，出现组合效应。多样性取决于外来影响的复杂性以及受影响的社会先前的习俗，这就是为什么没有两个案例是完全一样的原因。

多样性还表现在时间模式上。有些交流似乎可以迅速影响男女行为；典型的例子是佛教对中国的影响，女性可以利用佛教作为一种解脱，而不会扰乱基本的性别关系。当然，涉及文化入侵的交流，例如欧洲文化入侵美洲，可以迅速产生影响，但是有些交流则需要长时期才能表现出影响，例如伊斯兰教对印度某些地区的影响。其中没有什么明确的规律性。20世纪开展的某些新型交流，是否也会在产生结果的时间上有所不同呢？

围绕男女关系的观念制度在任何社会都很重要，通常关乎某一社会及其中个体的身份认同。这些制度通常看起来是绝对真理——基于人的本性或神圣职责制定，不可更改。这就是为什么文化交流相对来说可能不会产生什么影响的原因，尤其是当发生交流的两个社会处于大致平等的地位时，借鉴是具有很大程度的选择余地。因此，中东地区所珍视的关于女性的观念没有广泛传入撒哈拉以南的西非地区，即使该地区接受了伊斯兰教这一宗教制度。亚历山大时期开始的印度和希腊文化的早期交流，对性别模式也没有产生什么具体影响。当交流涉及较大的不平等现象时，也就是一个强大的社会入侵另一社会时，即使其他文化输入被接受，改变男女角色方面的努力却可能遭到强烈的抵制。这就是为什么国际交流日渐紧密之时，性别体系仍然会表现出不同的原因之一。

另外一种社会的性别体系往往很难理解。关于文化交流的历史中有很多这样的例子，当外来者所接触的社会中男女角色不同于其本身社会时，本意良好的外来者就是无法理解它们的真正含义。这是文化交流不能产生预期变化（或者产生意料之外的变化）的另一个原因。

交流通常是多方面的，导致最终的影响复杂化，也可能会抵消，或者改变一些改革举措。基督教传教努力通常与殖民商业所带来的经济变革 174
相结合。两种力量都可能会促进女性居家观念的传播，但是基督教的教育努力和经济重组也不会轻易地改变现状。20 世纪的国际女权主义运动推动了女性新权利的产生，但是在某些社会男女用工差异的不断增加，可能会导致更具防御性的观念出现。消费文化诱惑的影响也可能会抵制女权主义的影响，这是 20 世纪另一个关于全球化的重要性的复杂讨论。

但是交流在许多情况下的确会带来变化。来自强大文化的压力会与另一社会中某些群体在其他模式中可见的优势相结合。这种走向融合的共同动力会产生复杂的结果：相关社会倾向于借鉴一些元素并把它们与本土元素相结合，于是就产生了一种既不同于传统也不同于外来模式的体系。（相应地，新体系可能会遭到当地保守主义人士以及外国观察者的反对。）相关社会主要群体表现出来的一致倾向也会产生复杂的结果，尤其是男性，他们作为通常享有较高地位的性别，会利用其性别优势，来补偿在文化交流的其他方面所遇到的问题。当男性感觉到其经济状况受到新的对外贸易威胁时，或者他们的政治权利被外来统治颠覆时，他们会寻求性别关系方面的变化来获得新的优势。这是外来思想往往会产生不可预见的影响，以及女性从新的改革观念中的获益往往会受到其他方面的恶化所削弱的另一个原因。

总之，借助历史案例，有助于我们在遇到新的文化交流时分析文化融合案例或替代性权利的影响。这不会像课堂分析那样的明晰。今天和未来的社会将会继续生发出新的交流模式，对当前的性别体系提出质疑。例如 1991 年的海湾战争把大量的美国女性军人带到了沙特阿拉伯（此次冲突中美国关键的军事同盟）。沙特显然面临着一个困境：如何既取悦其强大的军事同盟，同时又尽可能地减小美国的性别习惯对当地女性的影响，而美国也必须谨慎地避免引起沙特当地对此的反感，例如关于其女性服役人员的服饰条例，或允许女性参加的公共活动。正是因为关于男女的观念、习俗仍存在普遍差异，即使国际交流日益频繁，各种故事仍在上演。对交流中的性别历史无法做出准确预测，但是却表现出了一些共同的发展脉络和可能性。

历时变化

世界历史上关于交流中的性别历史是否表现出历时趋势？我们看到，影响交流结果的一些关键体系发生了变化。从 3 世纪开始，世界主要
175 宗教的兴起和传播就构成了国际间交流的重要新元素。现如今，虽然宗教仍继续影响着两性关系，但是在涉及不同文化交流时，一些新的世俗价值体系，例如消费主义和女权主义，开始发挥更大的作用。

1500—1900 年这一段时期，就之前或之后的历史阶段而言，显得比较突出。这一时期的文化交流在性别关系问题上表现出了较多的苛刻性，尽管也有对某些不平等习俗的抨击，例如“殉夫”习俗。在其他社会推行欧洲标准时，其本身内在的某些局限性就显现出来了（例如，何为恰当的女性工作或财产权观念，或者“性体面”的含义是什么），而且欧洲对其价值观念优越性的坚持，往往也会削减其灵活性。与早期国际影响相比，欧洲则提供了一些独特的观念元素。但是其他社会的反应同时也会产生影响，欧洲影响力的扩大给这些社会的男性施加某些限制，带来不安全感，而他们则会寻求新的征服女性的办法来弥补这些损失。

相比较而言，此时期之前文化交流的结果往往比较多样，极少推翻之前的模式，只是推动它们朝着可能不同的方向发展。佛教对中国的影响，曾一度创造了某些性别观念新的替代模式，而中国对日本的影响则说明，强大的社会通过交流，可以把其严苛的性别观念施加于另一社会。

20 世纪的情况又是怎样的呢？西方价值观的影响继续保持强劲势头，但是这些价值观已不再是之前时期的那些观念，此时的价值观包含了

更多的关于女性权利的普遍定义以及对女性教育的关注。另外，殖民主义的衰退凸显了其他社会的力量，可以指出“西方”模式的局限性——即使是为其他社会定义何为对女性有益的西方女权主义，也存在局限性。国际交流，包括与性别问题相关的国际组织所起的作用，在20世纪更可能趋向于改革，而非强化父权制度，尽管相关评价仍比较复杂。当然，国际交流不断加快的步伐，使其他社会的替代性性别体系比以往更加凸显，促使相关社会以新的方式隐蔽、抵制，或适应。

美国一些社会学家描述了他们所称的“全球文化”：它出现于过去150年间，为跨越国家界限的不同社会所普遍接受的行为规范设立了标准。在这一文化体系中，性别是一个关键因素。全球文化规范认为，男女应该享有基本的教育机会和选举权，应该保护女性远离某些虐待形式，例如家暴和强奸。我们看到，当代区域间的交流形式，包括当前西方影响的继续推进以及轰轰烈烈的国际运动的兴起，的确推动着这些新趋势的发展。但是，如果变革加速，折中的做法以及直接抵制等方面的努力也会 176
加强。性别问题可能成为反抗那些要求实施变革的过度的外来控制或压力的一个阵地。这些也是交流过程中突出的时代特征，它们当然不会消失——的确，还有可能扩大。交流的本质改变了，它的影响也毫无疑问地增强了，但是区域间交流仍比较复杂，而且往往难以预测。这意味着我们仍需借助历史来做现实的分析。

索 引

（索引后的页码为本书边码）

N

O

P

Q

R

图书在版编目（CIP）数据

世界历史上的性别 /（美）斯特恩斯著；谷雨，李雪译 .
—北京：商务印书馆，2015
（专题文明史译丛）
ISBN 978-7-100-11667-1

Ⅰ .①世… Ⅱ .①斯… ②谷…③李… Ⅲ .①性别－文化史－研究－世界 Ⅳ .① C913.14

中国版本图书馆 CIP 数据核字（2015）第 246003 号

（专题文明史译丛）

世界历史上的性别

〔美〕彼得 • N. 斯特恩斯（Peter N. Stearns） 著
谷 雨 李 雪 译

商 务 印 书 馆 出 版
（北京王府井大街 36 号 邮政编码 100710）
商 务 印 书 馆 发 行
山东临沂新华印刷物流集团
有 限 责 任 公 司 印 刷
ISBN 978-7-100-11667-1

2016 年 5 月第 1 版 开本 640×960 1/16
2016 年 5 月第 1 次印刷 印张 13.5

定价：32.00 元